Rito

Rito

GIORGIO BONACCORSO

Tradução:
Gabriel Frade

Edições Loyola

Título original:
Rito
© 2015 P. P. F. M. C. Messaggero di S. Antonio – Editrice
Basilica del Santo – Via Orto Botanico, 11 – 35123 – Padova
www.edizionimessaggero.it
ISBN 978-88-250-3404-2

Dados Internacionais de Catalogação na Publicação (CIP)
(Câmara Brasileira do Livro, SP, Brasil)

Bonaccorso, Giorgio
  Rito / Giorgio Bonaccorso ; tradução Gabriel Frade. -- São Paulo : Edições Loyola, 2024. -- (Liturgia)

Título original: Rito
ISBN 978-65-5504-335-8

1. Fenomenologia 2. Liturgia 3. Ritos 4. Ritos e cerimônias I. Título. II. Série.

24-188931   CDD-307.23

Índices para catálogo sistemático:
1. Ritos e cerimônias : Comunidades : Sociologia   307.23
Eliane de Freitas Leite - Bibliotecária - CRB 8/8415

Preparação: Mônica Glasser
Capa: Ronaldo Hideo Inoue
  Composição sobre detalhe da imagem
  (gerada com IA) de © soysuwan123.
  © Adobe Stock.
Diagramação: Sowai Tam

Edições Loyola Jesuítas
Rua 1822 nº 341 – Ipiranga
04216-000 São Paulo, SP
T 55 11 3385 8500/8501, 2063 4275
editorial@loyola.com.br
vendas@loyola.com.br
www.loyola.com.br

Todos os direitos reservados. Nenhuma parte desta obra pode ser reproduzida ou transmitida por qualquer forma e/ou quaisquer meios (eletrônico ou mecânico, incluindo fotocópia e gravação) ou arquivada em qualquer sistema ou banco de dados sem permissão escrita da Editora.

ISBN 978-65-5504-335-8

© EDIÇÕES LOYOLA, São Paulo, Brasil, 2024

Sumário

Introdução 7

Capítulo 1
A polivalência dos termos: ritualismo, ritualização e rito 13
  1.1 O ritualismo: a filosofia e a relação problemática
     entre o pensamento e o rito 14
  1.2 A ritualização: a biologia e a primazia do rito em relação
     ao pensamento 17
  1.3 O rito: a antropologia e a relação do rito com o mito 22

Capítulo 2
Os âmbitos clássicos dos estudos sobre o rito:
um olhar sobre o rito 25
  2.1 As dinâmicas do indivíduo e o rito
     (abordagem psicológica) 26
  2.2 As dinâmicas da comunidade e o rito
     (abordagem antropológica) 31
  2.3 As dinâmicas da comunidade e o rito
     (abordagem sociológica) 38

Capítulo 3
Os desenvolvimentos dos estudos sobre o rito: o olhar do rito ... 43

3.1 A dimensão performativa do rito ... 44
3.2 A origem ritual da religião e da humanidade ... 54
3.3 A estrutura linguística do rito ... 65
3.4 A valência cognitiva do rito ... 71
3.5 As dinâmicas neurobiológicas do rito ... 82

Capítulo 4
As condições fundamentais do rito religioso ... 93

4.1 A fenomenologia religiosa do rito ... 94
4.2 A fenomenologia do corpo e o rito ... 98

Bibliografia ... 105

Introdução

O olhar do rito e não apenas um olhar sobre o rito. O modo aparentemente mais óbvio de tratar a realidade é olhá-la como algo que vem de um panorama longínquo, às vezes estranho, ou até mesmo hostil. O rito também pode ser "amontoado" entre as coisas provenientes de um mundo longínquo, já perdido ou mantido como um objeto exótico. Assim, alguns, impulsionados pela curiosidade, podem dar uma olhada no rito; outros, sustentados por uma sensibilidade particular, vão além dessa atitude superficial e mostram ter um olhar de respeito pelo rito; há também aqueles que permanecem encantados diante de uma liturgia vista pela primeira vez, ainda que estejam bem longe de visitá-la mais vezes, como quer sua natureza repetitiva. Em todos estes casos, existe um olhar sobre o rito, e, em algum momento, o olhar se cansa ou então se concentra nos detalhes que perdem de vista o conjunto. O caso típico é a centralidade que frequentemente assume a homilia, da qual muitos esperam sugestões e originalidade, iluminações e orientações. No caso de a homilia não dizer nada, então tudo parece perdido, dado que o resto da liturgia é percebido como pouco comunicativo ou até mesmo totalmente insignificante. Pode-se acreditar que seria possível sanar essa falência perguntando e ensinando as inumeráveis riquezas do rito. À parte o exíguo número de pessoas atingidas pelo remédio proposto, permanece, contudo, o fato de que não se supera o nível do olhar sobre a liturgia. Os próprios estudos sobre o rito, mesmo indagando num âmbito mais profundo, movimentaram-se muitas vezes no nível de uma simples objetivação que mirava explicar o rito a partir do externo. Sem negar o valor dessa perspectiva, a aposta a ser feita sobre o rito é outra, e consiste em adentrar na lógica ritual, ou seja, estudar o rito como um olhar sobre a realidade, como modo de ver o mundo.

A pergunta não é "o que é o rito", mas "o que vê o rito", "o que se vê através do rito". E é propriamente com isso que se abrem as portas para o indissolúvel liame com aquele ou aqueles que veem através do rito. A essência do rito não é um núcleo qualquer, mas a comunidade que o vive, pois o rito é uma modalidade com que a comunidade enxerga o mundo; a substância da liturgia não é uma simples parte sua, mas sim a assembleia que a celebra, pois a liturgia é a revelação com a qual a assembleia vê a história. Um modo de olhar que não se realiza por meio do uso sagaz de um instrumento, mas graças à própria constituição do olhar. No rito, e não mais simplesmente com o rito, a comunidade é construída como um olhar para o mundo e para a história, para a vida e para o universo. O rito não são os óculos dos quais o homem se serve para ver melhor, mas é o olho do qual o homem está dotado enquanto um ser que enxerga. O risco constante é o de reduzir o rito a uma prótese, como é o caso dos óculos; o risco é o de reduzir o rito a uma prótese do crer, e a liturgia a uma prótese da fé. Por esse motivo é melhor recorrer à metáfora do olho. Mas mesmo nesse caso não faltam riscos, intimamente ligados a uma antropologia que considera o corpo, com todos os seus componentes (inclusive o olho), um instrumento da alma ou uma prótese da mente. O corpo e o rito compartilham a mesma condenação ao exílio daquela cidadela que seria a essência do homem. Somente absolvidos dessa condenação é possível mostrar o verdadeiro rosto do homem vivente e do homem que crê. O corpo não é o instrumento da vida, mas é o homem vivente; o olho não é o instrumento para ver, mas o homem que enxerga; o rito não é uma propagação da fé, mas da fé vivente e que vê.

O tema do segredo pode ser iluminador. Parece muito difusa a ideia de que a interioridade do ser humano seja algo de escondido em relação àquilo que aparece em suas manifestações exteriores: a mente escondida no corpo. Sobre essa ideia se fez paradigma a convicção de que a fé, ato mental, esteja escondida na interioridade e seja expressa por meio da corporeidade, por meio da palavra e do rito. A coisa mais surpreendente, porém, é que ao rito pertença, em alguma medida, a característica do ocultamento, não apenas nos casos em que é previsto e prescrito o segredo ritual, mas como uma específica atitude comportamental. O ocultamento ou segredo a que todo rito é chamado é o da fronteiralidade: o rito é antes de tudo a fronteira que estabelece o estar dentro como qualidade intrínseca àquilo que se está fazendo. Para ser exato, não se deveria dizer que é preciso superar o limiar e estar no rito, mas que o "rito" é o "estar no rito". Essa é a interioridade ritual, concretizada por aquela interioridade que é corpórea tanto quanto a exterioridade. Seja qual for o nome que se queira dar ao fenômeno que é principalmente qualificado como rito ou liturgia, o ponto absolutamente irrenunciável é que a interioridade requerida por este não é o exílio do corpo, mas sim um retorno mais intenso ao corpo e às suas inumeráveis possibilidades. Graças à centralidade do corpo, o rito é a construção das relações sociais e a abertura dessas relações a múltiplos níveis da realidade: estando no rito, a comunidade realiza a própria formação e desenvolve um olhar sobre o mundo. Caso se pergunte o que é o rito, a resposta que deseje ser coerente com a perspectiva do "o que vê o rito?" pode se aproximar da seguinte afirmação: o rito é uma auto-organização do corpo que configura uma relação social aberta para um olhar complexo da realidade.

Surpreende, à luz do que se disse até agora, que os estudos sobre o rito tenham atingido os níveis de pesquisa mais respeitáveis apenas muito recentemente. A história do rito e a história do estudo do rito possuem percursos cuja mensuração ocorre em escalas muito diferentes. Daquilo que se sabe, o rito acompanha o homem desde seu nascimento, e, antes, em certos aspectos, suas raízes remontam a períodos muito mais remotos em relação ao aparecimento da nossa espécie na terra. Considerando a amplitude desse tempo e as antigas reflexões filosóficas e teológicas, os estudos sobre o rito são decididamente recentes. As pesquisas científicas, então, restringem-se a um período curto, uma vez que se iniciam na segunda metade do século XIX, com uma forte aceleração nas últimas décadas. E é justamente à luz dessa aceleração recente que toda tentativa de definir o rito parece se perder num oceano de conceitos e de perspectivas. O mesmo termo ao qual se recorre para indicá-lo (primeiro capítulo) é problemático, também pelo fato de que estão envolvidas várias disciplinas (antropologia cultural, sociologia, psicologia, semiótica, ciências cognitivas, fenomenologia), e ainda mais numerosas são as perspectivas em que se moveram os estudiosos. Aquilo que, em todo caso, emerge das pesquisas científicas, consideradas agora como clássicas (segundo capítulo), é que o rito se deixa provocar por vários pontos de observação. Estamos ainda sob a ótica de um olhar para o rito, mas é justamente esse olhar, pelo menos em alguns casos, que se constitui como premissa para um passo mais à frente. É por meio dos estudos mais recentes (terceiro capítulo) que se percebe cada vez mais que o rito é ele próprio um olhar, um modo de ver, de sentir, de compreender a realidade. Em tudo isso emerge a sua sintonia com a esfera religiosa (quarto capítulo), que toma forma em várias pesquisas, mas que merece ser enfrentada por si mesma.

O entrelaçamento com o cristianismo e sua liturgia é evidente. O perfil da ritualidade é tal a ponto de ser possível aproximá-lo da esperança, que na tradição cristã se configura como escatologia cristocêntrica. O desafio que não se pode perder é aquele que conjuga o conteúdo teológico do rito com sua forma antropológica, tendo presente que o conteúdo teológico sempre possui uma forma e que a forma antropológica sempre possui também um conteúdo. Esse é o desafio da liturgia, ou seja, do conjunto ritual que conjuga fé e culto. Tal conjunto não suporta estranheza alguma entre forma e conteúdo. A liturgia, com efeito, faz transparecer a esperança cristã não apenas porque a afirma em seus conteúdos, mas também porque lhe dá testemunho no que diz respeito a sua forma. Na base disso está a transparência cristológica do rito, ou seja, a coerência entre a forma e o conteúdo. Ora, se a fé é a encruzilhada entre o máximo da fraqueza (a cruz) e o vértice da esperança (a ressurreição), a transparência cristológica aparece lá onde o rito assume tanto a fraqueza quanto a esperança, não só porque os significa (conteúdo), mas também porque os realiza (forma). O rito assume a fraqueza graças à sua forma simples e se abre à esperança graças à sua forma estável. Se alguém confundisse a estabilidade com um cerimonial empolado e a esperança com uma celebração manipulável, teria já desacreditado na forma aquilo que, com os textos litúrgicos, afirma em seus conteúdos, ou seja, aquele entrelaçamento da simplicidade e da estabilidade que, no âmbito da forma, corresponde àquilo que é a encruzilhada entre fraqueza e esperança, cruz e ressurreição, no âmbito do conteúdo. A transparência cristológica da liturgia consiste na intrínseca relação entre o conteúdo teológico e a forma antropológica, a tal ponto que o conteúdo já é também sua forma e a forma já é também seu conteúdo.

Capítulo 1
A polivalência dos termos: ritualismo, ritualização e rito

Os estudos sobre o rito já são tão numerosos a ponto de requererem livros volumosos não apenas para a coleção bibliográfica como também para uma, ainda que esquemática, apresentação das perspectivas e dos ambientes envolvidos[1]. O que emerge de maneira cada vez mais evidente desses estudos é o papel central que o rito desenvolve nos comportamentos e nas atitudes de tantas sociedades, ou seja, no modo de agir e no modo de pensar de boa parte da humanidade. Na história de alguns povos, porém, foram verificadas algumas mutações que conduziram a certa relativização dos ritos e, por vezes, até mesmo a sua marginalização em relação aos lugares de construção do sentido do mundo e da vida do ser humano. Antes dessa viragem, haviam já

---

1. Para um primeiro olhar a respeito da vastidão dos *rituals studies*, cf. KREINATH, J., SNOEK, J.; SAUSBERG, M. (org.), *Theorizing Ritual. Classical Topics, Theoretical Approaches, Analytical Concepts*, Leiden/Boston, Brill, 2008; KREINATH, J.; SNOEK, J.; SAUSBERG, M. (org.), *Theorizing Rituals. Annotated Bibliography of Ritual Theory*, 1966-2005, Leiden/Boston, Brill, 2007.

emergido, em algumas sociedades, as acusações de ritualismo, em que não se criticava o rito, mas o modo incoerente de vivê-lo. Com essa reviravolta, porém, o termo "ritualismo" pode ser utilizado para etiquetar determinadas tomadas de posição críticas em relação à própria instituição ritual. Trata-se então de colocar em evidência, ainda que apenas sinteticamente, as origens do comportamento ritual. A questão sobre as origens conduz, em primeiro lugar, para além dos limites da espécie humana, dado que o processo de "ritualização" diz respeito a muitas espécies viventes diferentes e mais antigas do que o próprio ser humano. Quando essa questão se limita ao *homo sapiens*, descobre-se que o "rito" constitui um comportamento que assinalou profundamente as sociedades humanas e suas culturas.

1.1 O ritualismo: a filosofia e a relação problemática entre o pensamento e o rito

Os ritos e os mitos constituem aspectos fundamentais da cultura e da religião de muitos povos. Como se disse acima, desses foram tiradas as orientações fundamentais, graças às quais tantas comunidades humanas se abriram à vida e ao sentido da vida. O surgimento da escrita, no entanto, trouxe novidades que incidiram tanto nos mitos quanto nos ritos. Os mitos, transmitidos na forma oral, foram, pelo menos em parte, colocados por escrito, com a consequência de que a tradição de um povo não foi confiada apenas à memória das gerações precedentes, mas aos documentos do passado, que em certos casos assumiram um valor sacral. Assim nasceram os escritos sagrados, cuja presença no tecido social e religioso de um povo incidiu também sobre o modo de se confrontar com o rito. Com efeito, se o rito desenvolve um papel decisivo na coesão social e na experiência religiosa, o escrito propõe um modo seu de realizar a coesão social e, enquanto escritura sagrada, reconfigura a experiência religiosa. Não por acaso, entre os ritos sagrados e os escritos sacros poderá existir colaboração, mas também oposição. Por esses e por outros motivos podem surgir, e de fato surgiram, em diferentes partes do mundo, algumas objeções ao rito. Essa atitude cabe, de algum modo, na perspectiva que considera o rito um ritualismo, ou seja, um comportamento social pouco útil, se não até mesmo nocivo.

A crítica ao rito pode dizer respeito ao modo de entender o caminho do ser humano rumo à sabedoria da vida e da verdade das coisas. Sobre este ponto, o livro clássico do taoísmo, que têm em seu centro a doutrina do *tao* (= caminho), apresenta um texto inquietante em relação ao rito. Ele recita: "Perdido o caminho, vem a virtude. Perdida a virtude, há a caridade. Desaparecida a caridade, eis a justiça. Desvanecida a justiça, recorre-se ao rito. O rito é apenas aparência de sinceridade e de fé, o início da desordem"[2]. Em polêmica com o confucionismo e com as formas excessivamente institucionalizadas da existência, empenhadas em regras e ritos, o taoísmo reevoca a antiga espontaneidade do sábio, afastada do complicado mundo das ações (e dos desejos). Surpreende a acusação de desordem caso se considere que um dos significados mais originários do rito nas diversas tradições linguísticas é o de ordem, ou mesmo de ritmo que, de todo modo, facilita a ordem. De qualquer forma, na acusação assinalada acima há algo de surpreendentemente próximo à sensibilidade de muitos contemporâneos que fogem de uma experiência religiosa enclausurada nos meandros dos ritos feitos prevalentemente de regras e prescrições[3].

---

2. Lao-Tzú, *La Regola Celeste. Il libro del Tao*, 38, organizado por Ruffilli, P., Milano, Rizzoli, 2004, 58.
3. Uma sensibilidade que foi intuída já há um século por William James. Ver James, W., *Le varie forme dell'esperienza religiosa. Uno studio sulla natura umana*, Brescia,

Na cultura ocidental, porém, o aspecto mais relevante é constituído pelo nascer e desenvolver-se da filosofia com sua constante busca de uma verdade rigorosa, ou seja, fundamentada sobre argumentações e deduções controladas com os instrumentos da coerência lógica. Uma nova cultura do *logos*, principalmente a partir dos séculos VII-VI a.c., levou à crise de compreensão do *mythos*. Os fatores que contribuíram para essa crise são múltiplos, entre os quais: a imposição da escrita em detrimento da tradição oral; os novos ideais da lírica que, à diferença da épica, dirige a própria atenção não mais para os heróis, mas para a pessoa comum, para a problemática da vida humana nas tragédias; e principalmente o fato de entender a verdade não mais como uma transmissão, mas como um resultado[4], ou seja, não mais como tradição, mas como busca. Nesse contexto, o mito e o rito são julgados à luz dos cânones filosóficos e/ou científicos da objetividade e, dada a sua escassa correspondência a esses cânones, são relegados a uma fase histórica considerada já superada. Na época moderna, o rito e o mito foram frequentemente considerados inconsistentes, porque inconciliáveis com a razão científica e técnica, assim como foram também propostos alguns modelos alternativos para a ritualidade, com a finalidade de atingir os mesmos escopos que essa foi capaz de obter, principalmente criando um liame entre os membros da sociedade. Em tempos mais recentes, porém, a pesquisa científica dirigida aos ritos se

---

Morcelliana, 1998. Em relação à nova situação da religião, veja-se, emblematicamente, um ensaio já considerado clássico e um debate recente: LUCKMANN, T., *La religione invisibile*, Bologna, Il Mulino, 1976; RORTY, R.; VATTIMO, G., *Il futuro della religione. Solidarietà, carità, ironia*, organizado por ZABALA, S., Milano, Garzanti, 2005.

4. Cf. JAEGER, W., *Paideia. La formazione dell'uomo greco*, I, 429. Para a relação dinâmica entre *mythos* e *logos*, cf. VERNANT, J. P., *Mito e società nell'antica Grecia*, Torino, Einaudi, 1981, 193.

intensificou, chegando assim a novas perspectivas em relação ao seu valor e papel.

1.2 A ritualização: a biologia e a primazia do rito em relação ao pensamento

A história do rito abraça uma grande fatia da história da vida sobre a terra, já que tantas espécies a ele recorreram muito antes do surgimento do ser humano. O pressuposto é constituído pela perspectiva inaugurada por Charles Darwin, ou seja, aquela segundo a qual a vida é a sua configuração evolutiva com base na seleção natural. O fenômeno da ritualização se insere nessa perspectiva, que se valeu de um considerável trabalho de observação por parte dos etólogos, ou seja, por aqueles que dedicaram suas pesquisas ao estudo do comportamento dos animais. No âmbito etológico[5], estudam-se os ritos como comportamentos adotados pelas diversas espécies viventes para regular as relações com o ambiente natural e social. Esse processo de adaptação tem um valor cognitivo destinado a condicionar também os aspectos tipicamente humanos e, consequentemente, mais complexos do pensamento e da consciência. O rito, ou melhor, a ritualização é um comportamento que favorece a adaptação e as funções cognitivas, principalmente por causa de algumas características suas. Julian Huxley falou de "ritualização" referindo-se a comportamentos modificados em relação ao seu fluxo originário. Para aprofundar esse fenômeno, é necessário ter presente que os animais se encontram frequentemente em situações de conflito provocadas pela esfera pulsional. K. Lorenz, que desenvolveu seu trabalho a partir da agressividade na evolução da

---

5. Cf. BAUDY, D., Ethology, in: KREINATH, SNOEK; SAUSBERG (org.), *Theorizing Rituals. Classical Topics, Theoretical Approaches, Analytical Concepts*, 345-359.

vida, tentou mostrar como a ritualização incide na esfera pulsional e, consequentemente, na agressividade. Configura-se assim um nexo importante entre a evolução biológica e o comportamento ritual, a ponto de se poder falar de ritos filogenéticos[6]. É importante sublinhar desde já que há elementos comuns entre os ritos surgidos pela via filogenética e os de origem cultural, e, portanto, ligados à espécie humana[7]. Em seguida se verão as diferenças, mas agora convém assinalar algumas características dos processos de ritualização que dizem respeito a muitas espécies de seres vivos.

Uma característica decisiva é a que já se acenou, e que merece ser esclarecida, ou seja, a relevância do comportamento ritual para o gerenciamento das pulsões. Quando essas, seja qual for o motivo, são vividas de maneira conflitante, conduzem a uma ambiguidade de comportamento da qual o animal tende a sair recorrendo a movimentos que podem ser definidos como rituais. O indivíduo pode viver um conflito emotivo, como no caso da tensão entre a atração exercitada pelo alimento e o sofrimento pela impossibilidade de comê-lo por algum impedimento. Esse conflito nasce da ambiguidade comportamental, ou seja, da oposição entre a tentativa de aproximação ao alimento e o ter que se afastar dele por causa do obstáculo. Os observadores se deram conta de que em determinado momento o animal adota um comportamento alternativo àquele apenas descrito, movendo-se, por exemplo, para frente e para trás numa linha perpendicular em relação ao lugar onde está o alimento. Esse comportamento alternativo é o que se poderia definir como comportamento ritual. Como já foi des-

---

6. Cf. Lorenz, K., *L'agressività* (edição ampliada de *Il cosidetto male*), Milano, Il Saggiatore, ³1979, 344.
7. Cf. id., *L'altra faccia dello specchio. Per una storia naturale della conoscenza*, Milano, Adelphi, ³1977, 344.

crito, com efeito, "a ritualização nasce para reduzir a ambiguidade do comportamento"[8], com a consequência de conseguir reduzir o conflito emotivo. É interessante notar que a ritualização é um processo com o qual se tende a resolver os problemas ligados às *emoções* por meio da realização de *ações* alternativas.

As ações alternativas não são "novas" ações, mas o assumir de comportamentos já existentes com funções diferentes daquelas originárias[9]. Isso pode ocorrer apenas caso se consiga traduzir um determinado comportamento num sinal, ou mais precisamente numa sequência de sinais definível como linguagem não verbal; de fato, é traduzindo o comportamento em sinal, ou linguagem não verbal, que se pode indicar algo diverso de si próprio. Naturalmente, esse processo que conduz ao ato de indicar (ou seja, ao sinal), implica um modo particular de gerenciar determinado comportamento, que pode consistir em no assumir apenas algumas de suas sequências e no colocá-lo num contexto diferente do usual. O procedimento pode ser descrito como segue. Alguns comportamentos, que originariamente servem para responder a determinadas necessidades (como a construção de um ninho sobre uma árvore), podem ser feitos em circunstâncias insólitas (como, por exemplo, fazer alguns movimentos típicos da construção de um ninho, mas estando em suspensão sobre a água) e diante de alguém (como, por exemplo, uma possível parceira com a qual se quer copular), com a consequência de que esses comportamentos se tornam mensagens (sinais), ou seja, instrumentos para comunicar. Com

---

8. Mazzeo, M., *Homo homini lupus*. Rito e canibalismo, *Forme di vita*, 5 (2006), 60.
9. Aqui emerge o jogo entre substituição e redirecionamento: a ambiguidade do comportamento que brota da situação conflitiva é resolvida, ou porque se recorre a um elemento substitutivo que redireciona um determinado comportamento, ou porque, ao redirecionar o comportamento, encontra-se o elemento substitutivo; cf. ibid., 61.

a ritualização, as *ações produtivas* se tornam *ações comunicativas*[10]. Como se pôde ver, a primeira característica desse processo de ritualização, que permite passar das ações produtivas para ações comunicativas, configura-se como "interrupção" do uso costumeiro de determinadas ações. Os estudiosos, ademais, observaram que, as ações feitas de modo diferente do originário e diante de um destinatário qualquer, caracterizam-se por certo grau de "exageração", provavelmente para que justamente fossem percebidas pelo destinatário.

A segunda característica da ritualização é, portanto, o exagerar. Um terceiro aspecto a ser levado em consideração é que essas ações tendem a ser repetitivas, e isso significa que outra característica da ritualização é a "repetição"; e, de fato, para que o valor comunicativo de um comportamento não seja equivocado, é necessário ativá-lo muitas vezes com a mesma sequência. A repetição é o processo que torna possível uma codificação e, portanto, uma base linguística (não verbal) para a troca comunicativa[11].

A ritualização, que age conforme a modalidade de interrupção-exageração-repetição, e que se configura como um processo aberto à comunicação, pode ser aprofundada recorrendo-se à ecologia da mente, que traça uma demarcação entre comunicação e ritualização. Se por um lado a ritualização está na base da comunicação, por outro lado a ação ritual pode representar um tipo particular de ação comunicativa. Principalmente nas espécies mais evoluídas, o rito parece assumir as características de uma *metacomunicação*. Conforme G. Bate-

---

10. Com a ritualização filogenética, observa Lorenz, os módulos comportamentais se tornam meios de comunicação; cf. LORENZ, K., *Natura e destino*, Milano, Mondadori, 1990, 162. Sob esse perfil, seria possível dizer que "a cadeia de ações que originariamente servia a outros fins, seja objetivos, seja subjetivos, torna-se fim em si mesma": id., *L'agressività*, 109.
11. Cf. Lorenz, *Natura e destino*, 166.

son, a troca comunicativa ocorre com frequência mediante sinais que nos indivíduos de muitas espécies são identificados com as realidades a que se referem, conduzindo esses indivíduos a reagir de modo automático em relação às mensagens recebidas. Um momento decisivo na evolução da comunicação acontece quando o indivíduo percebe o sinal como "sinal", distinguindo-o da realidade a que se refere; com um exemplo que Bateson tira de A. Korzybski, é possível dizer que o mapa deve ser distinto do território[12]. Começa, assim, a se perfilar um duplo nível, o da comunicação com o qual se recorre ao sinal para designar alguma realidade e o da metacomunicação com a qual se recorre ao sinal, se referido ao próprio sinal. O caso mais citado é o da brincadeira. Por exemplo, o ato de morder e ferir é o sinal que se refere diretamente à agressividade para com alguém ou algo. É possível utilizar esse sinal manipulando-o de modo a morder sem ferir. Nesse segundo tipo de comportamento, a atenção está dirigida não ao referente do sinal, ou seja, à agressividade (comunicação), mas ao próprio sinal para utilizá-lo diversamente, ou seja, para brincar (metacomunicação)[13]. Um caso muito emblemático de metacomunicação não verbal pode ser encontrado em grau elevado no ritual "em que é traçada, mas de modo incompleto, uma linha de demarcação entre a ação enunciativa e aquilo que deve ser enunciado"[14], ou seja, entre o sinal e seu referente, justo como ocorre na brincadeira. Sob essa perspectiva, é possível distinguir entre a ritualização, entendida como transformação do comportamento em comunicação, e uma fase mais avançada, ou seja, observável em espécies mais complexas, que

---

12. Para toda a questão, cf. BATESON, G., *Verso un'ecologia della mente*, Milano, Adelphi, [4]1984, 217-222.
13. "O mordiscar de brincadeira denota a mordedura, mas não denota aquilo que seria denotado pela mordida": ibid., 219.
14. Ibid., 221.

reconhece no rito uma forma particular de comunicação, definível como metacomunicação. O processo de ritualização está na base da intensificação da comunicação que, reforçando as relações sociais e procedendo por estratificações cada vez mais complexas, permite aos organismos vivos orientarem-se dentro do ambiente. Essas dinâmicas são muito importantes caso se considere que representam as bases da consciência. Não poderia existir a consciência sem o sentido do eu, e, por outro lado, o sentido do eu implica, em primeiro lugar, sua colocação no ambiente natural, ou seja, a relação entre o organismo e o contexto vital em que se encontra, e, em segundo lugar, a sua colocação no ambiente social, ou seja, a relação entre um organismo e outro da mesma espécie. Justamente em referência a essa segunda relação emerge a relevância da comunicação para o emergir do eu e, portanto, da consciência. O aspecto relevante, para quem estivesse acostumado a reconduzir a consciência ao pensamento, é que a consciência possui sua origem num processo comportamental e comunicativo que precede o pensamento, entendido como capacidade de abstração tendo por base sequências de conceitos. Em outros termos, a consciência, antes de ser pensamento feito de conceitos, é rito feito de ações. Um aporte decisivo nessa direção, como se verá mais adiante, provém dos estudos mais recentes do setor da biologia que estuda o cérebro, ou seja, das neurociências.

1.3 O rito: a antropologia e a relação do rito com o mito

O âmbito biológico conduz a uma reavaliação do rito, tendo por base as pesquisas sobre os comportamentos de muitas espécies vivas. Também os estudos feitos no âmbito antropológico levam a uma reconsideração e a uma reavaliação do rito, e dessa vez em referência à espécie humana. Trata-se dos estudos que tiveram como ponto de partida a riqueza dos dados etnológicos recolhidos por missionários e, mais recentemente, por alguns pesquisadores. Os primeiros nomes aos quais normalmente se faz referência são W. Robertson Smith e E. B. Tylor. Considerados os pais das pesquisas antropológicas, eles trataram amplamente do fenômeno religioso e, dentro desse, da relação entre mito e rito. Entre as variadas religiões está o totemismo, que faz remontar a origem de um clã a um determinado antepassado, na maior parte das vezes um animal, que se reveste de um forte valor sacro (o totem). Segundo W. Robertson Smith, que trabalhou com os estudos bíblicos e, de maneira mais geral, do mundo semítico, o totemismo representa a forma mais antiga de religião, ou seja, o protótipo daquilo que se habituou chamar de "sacro". E porque o clã mantém as relações com o próprio totem por meio do sacrifício ritual, deve-se deduzir que o rito está na base da religião. O mito teria chegado depois, como relato elaborado para explicar o rito e que, em todo caso, depende do rito. E. B. Tylor, que trabalhou amplamente com a cultura, da qual forneceu uma de suas primeiras definições e que assume uma perspectiva evolucionista, considera que o mito seja a primeira grande tentativa da humanidade de explicação e compreensão do mundo, quando não dispunha ainda de metodologias científicas. O rito seria apenas a aplicação prática do relato mítico. Portanto, se para Robertson Smith o mito depende do rito, para Tylor é justamente o contrário.

O terceiro autor a ser considerado é J. G. Frazer, cuja fama está ligada principalmente à sua obra monumental (em doze volumes) sobre as diversas culturas e religiões espalhadas pelo mundo[15]. Ele compartilha com Robertson Smith a convicção de que o totemismo seja a forma originária de religião e, portanto, que o rito deva ser considera-

---

15. Cf. FRAZER, J. G., *Il ramo d'oro. Studio sulla magia e sulla religione*, Torino, Boringhieri, 1978, 2 v. Ver, também, ibid., *Totemismo*, Roma, New Compton, 1971.

do como uma práxis que antecipa o momento mais teórico representado pelo mito. Contudo, a primazia do rito está ligada a outra consideração que diz respeito às relações entre magia e religião. Segundo Frazer, a magia precedeu a religião, com a seguinte sequência: os seres humanos teriam tentado modificar os fenômenos naturais por meio de ritos considerados eficazes pelo próprio fato de terem sido feitos (magia); por causa dos fracassos numerosos e pela constatação de que muitas mudanças ocorriam sem a intervenção humana, as populações teriam começado a reconhecer a existência de seres superiores, divinos, a quem dirigiram o culto e para os quais começaram a fazer alguns ritos com a intenção de obter a sua benevolência (religião). O rito seria um comportamento muito antigo que teria precedido a religião e que sucessivamente teria sido decisivo para ela mesma[16].

A primazia do rito sobre o mito foi expressa de maneira diversa pelos estudiosos que trabalharam com essa questão[17]. Muitos deles pertencem a âmbitos e perspectivas que deverão ser levados em consideração nas próximas páginas. Em todo caso, os autores considerados neste parágrafo permanecem como pontos de referência para muitos desenvolvimentos sucessivos, ainda que suas posições já sejam claramente pertencentes a determinada época. De todo modo, com eles emergiram algumas questões fundamentais, tanto em referência à relevância do rito na cultura quanto no que diz respeito ao seu papel religioso. As abordagens psicológicas, antropológicas e sociológicas devem se confrontar constantemente com essas questões.

---

16. Mediante um exame mais atento, é possível perceber em Frazer uma dupla fase no modo de entender a relação mito-rito; cf. SEGAL, R. A., Myth and Ritual, in: KREINATH; SNOEK; SAUSBERG (org.), *Theorizing Rituals. Classical Topics, Theoretical Approaches, Analytical Concepts*, 105-107.
17. SEGAL, R. A. (org.), *The Myth and Ritual Theory. An Anthology*, Malden, Blackwell, 1998.

Capítulo 2
Os âmbitos clássicos dos estudos sobre o rito: um olhar sobre o rito

Os rituais elaborados pelo ser humano conservam algumas características daquelas que estão presentes nos rituais de outras espécies viventes, junto às quais a questão central diz respeito à capacidade de adaptação do organismo ao ambiente. No caso do ser humano, contudo, a adaptação se configura principalmente como relação com a cultura[1]. Sobre esse ponto se abre um leque de pesquisas tão vasto a ponto de ser dificilmente governável. De fato, estão em jogo diversos contextos disciplinares, múltiplas perspectivas e um número indeterminado de possíveis comparações com outros fenômenos histórico-culturais. Em todo caso, é possível desenhar um quadro geral que faça emergir aquilo que deve ser considerado mais relevante.

---

1. Cf. WILSON, W., *Sociobiologia. La nuova sintesi*, Bologna, Zanichelli, ⁵1983, 566.

2.1 As dinâmicas do indivíduo e o rito (abordagem psicológica)

O rito foi estudado principalmente pelos antropólogos e pelos sociólogos, dado que diz respeito, sobretudo, a processos coletivos e relacionais de troca. Não faltam, contudo, abordagens ligadas à esfera psíquica do ser humano, ainda que sobre esse ponto seja necessário fazer uma distinção importante. É possível procurar estudar o componente ritual nos desenvolvimentos psicológicos, como mais recentemente se tende fazer, ou então se pode tentar explicar os componentes rituais da humanidade recorrendo aos conhecimentos psicológicos[2]. A esse segundo caso pertencem os trabalhos da psicanálise a partir de seu fundador. De fato, S. Freud busca estender os resultados de suas pesquisas sobre os pacientes (neuróticos) com base nas condições gerais da humanidade e, particularmente, nos seus componentes rituais. Um dos aspectos mais relevantes de sua pesquisa, como é notório, diz respeito ao complexo de Édipo, segundo o qual, nos primeiros anos de vida, o desejo dirigido à mãe é reprimido e, por assim dizer, escondido à consciência. Desse âmbito escondido, ou seja, do inconsciente, o complexo exercita efeitos mais ou menos relevantes sobre a vida consciente do indivíduo. A tese geral é de que o inconsciente é uma parte da mente muito mais vasta da consciência, condicionando-a. Uma tese que diz respeito não apenas aos doentes, mas a toda a humanidade. O encontro com as pesquisas etnológicas, voltadas aos povos considerados mais primitivos, sugeriu a Freud a hipótese de que no início da história humana tenha se verificado um evento decisivo para o surgir da

---

[2]. Para as diversas abordagens psicológicas sobre o rito, cf. BOURDEWIJNSE, B., Ritual and Psyche, in: KREINATH; SNOEK; SAUSBERG (org.), *Theorizing Rituals. Classical Topics, Theoretical Approaches, Analytical Concepts*, 123-141.

religião. Sua principal fonte etnológica está constituída pelos trabalhos de J. G. Frazer, a quem faz referência principalmente para o totemismo. Segundo o fundador da psicanálise, o totem é substituído pela figura paterna. Na origem dos tempos, o pai teria exercido um poder absoluto sobre os filhos, reservando para si as mulheres. Os filhos teriam se rebelado e o teriam assassinado, dividindo em seguida entre si as mulheres. Sucessivamente, tomados pelo remorso (sentido de culpa), teriam feito a tentativa de reparar isso por meio do reconhecimento de um totem e elaborando um sistema ético que implicava, e implica ainda nas populações primitivas, a proibição do incesto, principalmente em relação à mãe (a mulher do pai)[3]. Nos relatórios etnológicos emerge que o incesto é condenado em todo lugar, mesmo onde não existe uma construção moral muito elaborada. Esse fato convenceu Freud do liame íntimo entre o que emerge dos estudos clínicos sobre os pacientes e a história originária da humanidade. Uma ligação que obviamente constituiria uma revolução na compreensão das culturas humanas. De fato, se o totemismo fosse realmente a origem da religião, sua explicação psicanalítica seria fundamental para a compreensão do sagrado, e relevante também para a compreensão do rito, dado o papel desenvolvido por este no totemismo[4]. A hipótese freudiana, contudo, assim como foi formulada originalmente, resulta muito discutível. À luz das pesquisas etnológicas e antropológicas mais amplas e atualizadas, ela aparece como desprovida de provas suficientes, seja porque o totemismo não é tão universal e fundamental como se pensava, seja

---

3. Cf. FREUD, S., *Totem e tabu. Concordanze nella vita psichica dei selvaggi e dei nevrotici*, Torino, Boringhieri, 1976. [Ed. bras.: *Totem e tabu*. São Paulo, Companhia das Letras, 2013 (N. do T.)].
4. Um dos primeiros autores que tentaram fazer um trabalho sistemático entre a psicanálise e o rito foi REIK, T., *Il rito religioso. Studi psicoanalitici*, Torino, Boringhieri, 1977.

porque, mesmo no caso do totemismo, a passagem para a explicação psicanalítica implica um salto metodológico que exigiria muitas outras mediações.

As objeções são dificilmente contestáveis, mas não devem deixar de lado um ganho importante proveniente da psicanálise, ou seja, o componente inconsciente da religião e do rito. Em primeiro lugar, dada a relevância cientificamente comprovada da dinâmica entre consciente e inconsciente, parece difícil sustentar que essa dinâmica seja estranha ao modo com que o ser humano vive a relação com o sagrado, sem, com isso, fazer a religião depender de processos neuróticos. Além disso, há alguns comportamentos ligados ao sagrado, como os rituais, que implicam ações cuja execução é dificilmente redutível apenas a opções da consciência. Considere-se o fato de que as ações rituais são feitas por pessoas que, mesmo as tendo conscientizado em seus conteúdos, não são, no entanto, capazes de legitimar plenamente sua forma, não podendo demonstrar com argumentações doutrinárias convincentes o porquê de certas sequências determinadas. Os efeitos terapêuticos que muitas vezes se obtém mediante a participação aos ritos parecem reforçar a sua ligação com aspectos do inconsciente da personalidade. Um aspecto muito relevante é o da repetição. Numa visão muito reducionista, a repetição ritual pode ser lida como simples coação para repetir; porém, perante uma compreensão mais cuidadosa, é possível perceber nela um dispositivo, por assim dizer, simbólico, ou seja, capaz de manter juntos consciente e inconsciente.

A referência a C. G. Jung aqui é relevante, pelo menos para a orientação geral. "A prática religiosa – escreve Jung – isto é, a contínua repetição em relato e em formas rituais do evento mítico [do menino divino], mira a trazer novamente na consciência a imagem da infância e tudo o que lhe está conectado, para impedir a ruptura com as condições originárias"[5]. Não obstante as notórias diferenças entre Freud e Jung, o que se manifesta de suas pesquisas psicanalíticas é o emergir à consciência, por meio dos ritos, de dinâmicas sedimentadas no inconsciente.

A base dessas interpretações do rito é a primeira fase da psicanálise, que se move sobre o paradigma pulsional. Numa segunda fase, os estudos psicanalíticos se movimentaram conforme um paradigma relacional, como é facilmente observável nos trabalhos de D. W. Winnicott. Esse autor propõe uma interessante tripartição dos "espaços" da existência humana: a) o espaço dirigido para o externo, ou área da exterioridade; b) o espaço dirigido para o interno, ou área da interioridade; c) o espaço entre os dois anteriores, ou área intermediária. Alguns objetos ou fenômenos são funcionais para a área intermediária: trata-se de objetos transacionais ou fenômenos transacionais, assim chamados porque permitem a passagem entre a interioridade e a exterioridade. Na experiência infantil, por exemplo, o dedo e o ursinho de pelúcia são "objetos" que permitem a passagem do erotismo oral para a relação objetal[6]. Um caso particularmente ilustrativo é o do "jogo", entendido como atividade criativa. Em todo caso, "para o jogo criativo e para a experiência cultural, até os seus desenvolvimentos mais sofisticados, a posição é o *espaço potencial* entre a criança e a mãe"[7]. A criança não pode ter sempre a mãe por perto e então cria uma substituição, ou seja, recorre ao simbolismo. A base do simbolismo seria o objeto transacional. Quando se observa, por exemplo, que o pedaço do cobertor é simbólico do seio materno, não significa que a criança confunda a

---

5. JUNG, C. G.; KERÉNYI, K., *Prolegomeni allo studio scientifico della mitologia*, Torino, Boringhieri, 1980, 124.
6. Cf. WINNICOTT, D. W., *Gioco e realtà*, Roma, Armando, 1974, 24-25.
7. Ibid., 184.

fantasia com o fato, o subjetivo com o objetivo. Ela é consciente da diferença entre eles, mesmo percebendo a semelhança, e, portanto, é capaz de passar da fantasia subjetiva para o fato real.

> O termo "objeto transacional" abre caminho para o processo de se tornar capaz de aceitar a diferença e a similaridade. Eu creio que seja útil ter um termo que indique a raiz do simbolismo no tempo, um termo que descreva a viagem do lactente do puramente subjetivo para a objetividade; e me parece que o objeto transacional (pedaço de cobertor etc.) seja aquilo que nós vemos dessa viagem, do progresso rumo ao experimentar. Seria possível compreender o objeto transacional, mesmo não compreendendo completamente a natureza do simbolismo [...]. Por exemplo, se nós considerarmos a hóstia do Santíssimo Sacramento, que é simbólica do corpo de Cristo, eu penso estar certo se digo que para os Católicos Romanos ela é um substituto, algo que recorda, mas essencialmente não é, na realidade, o corpo mesmo. Contudo, em ambos os casos ela é um símbolo[8].

Temos, portanto, um modo diverso de entender o simbólico, que, contudo, permanece atuante em ambos, e isso tendo por base o processo ligado ao fenômeno transacional. A hóstia consagrada, contudo, é uma realidade (e um símbolo) interna a um contexto mais amplo, que é o rito (a celebração eucarística). Pode-se, então, ler o rito como o espaço potencial em que se elabora o jogo simbólico entre diferença e semelhança, entre o subjetivo e o objetivo, entre o interior e o exterior.

A abordagem psicanalítica ao rito pode ser encontrada também em outros autores, e é definível igualmente como busca dos processos de ritualização que se encontram no desenvolvimento do indivíduo.

---

8. Ibid., 31.

E, assim, se no âmbito biológico se pode falar de filogênese da ritualização (ou de ritos filogenéticos), pois nesse caso a ritualização é estudada sob a perspectiva da evolução das espécies vivas, no caso da psicanálise, que se ocupa do desenvolvimento do indivíduo, pode-se falar, como o faz E. Erikson, de ontogênese da ritualização. O espaço de encontro entre psicologia e rito, contudo, não é exaurido pela psicanálise; de fato, pode dizer respeito a outros setores, como a psicoterapia. Dado que o âmbito social é o mais relevante para o estudo dos ritos, é evidente que pode resultar ainda mais importante a perspectiva psicossocial, onde emergem múltiplos pontos de vista para aprofundar a ritualidade. Atualmente, parece que os estudos mais promissores podem ser encontrados naquele amplo leque das ciências cognitivas, em que participa em larga medida a psicologia, mas que, envolvendo outros componentes, deve ser considerada à parte, em outra seção deste presente trabalho.

2.2 As dinâmicas da comunidade e o rito (abordagem antropológica)

Os estudos antropológicos constituem uma parte considerável das pesquisas sobre o rito. O interesse prevalente é dirigido à sua função social junto às populações mais diversas, espalhadas pelo planeta[9]. Muitos autores, principalmente nas primeiras décadas de vida da antropologia cultural e da antropologia social, trabalharam com grupos humanos desprovidos de escrita. Entre os primeiros deve ser mencionado B. Malinowski e sua compreensão da cultura à luz da teoria das necessidades. A magia e a religião, o mito e o rito são explicados em

---

9. RAO, U., Ritual and Society, in: KREINATH; SNOEK; SAUSBERG (org.), *Theorizing Rituals. Classical Topics, Theoretical Approaches, Analytical Concepts*, 143-160.

relação a essa teoria. Em termos muitos sintéticos, Malinowski sustenta que o homem tende a satisfazer, além das necessidades primárias de tipo biológico que compartilha com as outras espécies, também as necessidades ligadas, por exemplo, à transmissão das informações e das habilidades que vão se acumulando num povo. Há, contudo, um terceiro tipo de necessidades, ou seja, aquelas que poderiam ser chamadas de necessidades mais elevadas e que dizem respeito à esfera dos sentimentos e das relações de confiança com os outros. Essas seriam as necessidades às quais a religião tenta dar satisfação mediante seus ritos. Porque a cultura é entendida como o conjunto de dispositivos com que são satisfeitas todas as necessidades do homem[10], ou seja, em termos funcionais, e dado que a religião é um dos dispositivos com os quais a cultura responde a certo tipo de necessidades, a religião é entendida em termos rigidamente funcionais. Nesse ponto, o papel do rito se torna evidente. Se a religião responde à necessidade da coesão social, parece bastante óbvio que recorra a algumas cerimônias cuja característica primária é a de serem públicas[11]. De tal modo, Malinowski, embora conteste a identificação sustentada por E. Durkheim do sagrado com o social, reconhece em todo caso a relevância do sagrado para o social, e, portanto, dos ritos entendidos como ações coletivas.

Em A. R. Radcliffe-Brown se encontram considerações em parte similares, ainda que desvinculadas de uma rígida teoria das necessidades. Ele afirma que uma religião não vale porque é verdadeira, mas porque, ainda que seja falsa (no sentido de que nós a consideramos como falsa), contribui para a realização dos mecanismos sociais. Disso emerge uma importante consideração do rito: "A hipótese – afirma

---

10. Cf. MALINOWSKI, B., *Teoria scientifica della cultura e altri saggi*, Milano, Feltrinelli, ²1974, 48.
11. Cf. id., *Magia, scienza e religione. Baloma. Gli spiriti dei morti nelle isole Tobriand*, Roma, Newton Compton, 1976, 61.72.

Radcliffe-Brown – é que, naquelas que consideramos falsas religiões, a realização de ritos religiosos, se não produz os efeitos aguardados ou esperados por quem os realiza ou por quem deles participa, determina contudo outros efeitos, alguns dos quais, pelo menos, socialmente apreciáveis"[12].

No centro não está a verdade da religião, mas o rito que torna socialmente eficaz a religião. Isso comporta algumas consequências também para a relação mito-rito. Embora Radcliffe-Brown considere que ritos e mitos se desenvolvam contemporaneamente dentro da complexa estrutura social, sublinha, contudo, que o gesto (e, portanto, o rito) tem primazia em relação à crença (e, portanto, ao mito)[13]. A perspectiva que vai emergindo projeta o rito não mais na lógica de uma verdade doutrinária (e, portanto, de dependência do mito e das crenças), mas sim na dinâmica de um contexto operativo.

Essa passagem parece estar radicalizada (e por esse motivo criticada pelos autores ingleses acima citados) no líder dessa corrente de pensamento de língua francesa, que é E. Durkheim. Ele parte da convicção de que a compreensão da religião depende da recuperação das suas origens e, portanto, do exame das suas formas mais primitivas. Empenhando-se nessa recuperação, que se identifica com o estudo das tribos australianas, Durkheim considera ter descoberto uma ligação extremamente forte entre religião e sociedade, a ponto de quase poder identificá-las[14]. Caso se parta da religião, deve-se dizer que ela não apenas contribui de maneira decisiva para a coesão social, mas também que essa contribuição exprime sua própria essência. Caso se parta

---

12. Cf. RADCLIFFE-BROWN, A. R., *Struttura e funzione nella società primitiva*, Milano, Jaca Book, 1975, 164; cf. 167.
13. Cf. ibid., 165.
14. Cf. DURKHEIM, E., *Le forme elementari della vita religiosa*, Roma, New Compton, 1973, 59.

da sociedade, deve-se dizer que sua coesão, nas sociedades primitivas, não pode prescindir da religião, a ponto de se poder equiparar a distinção sagrado/profano à distinção coletivo/individual[15]. Para saber como a religião faz para construir e manter o social, é necessário ter presente que ela implica duas categorias fundamentais: as crenças (ou seja, o pensamento) e os ritos (ou seja, o movimento)[16]. Estes, por sua vez, são fundamentais, pois são "os meios com que o grupo social se reafirma periodicamente"[17]. Em termos extremamente sintéticos é possível dizer que o sagrado é o social, e o motivo pelo qual o sagrado é o social reside no rito. Duas frases de Durkheim são decisivas para compreender a relevância por ele atribuída aos ritos. Em primeiro lugar, o rito possui a tarefa de suscitar disposições mentais que "dependem do fato de que o grupo é reunido nem tanto pelas motivações particulares pelas quais se reuniu"[18]. No centro não estão as motivações e, portanto, a referência a qualquer conteúdo, mas o reunir-se e, consequentemente, o realizar uma ação. O outro texto, que diz respeito aos mitos, reforça essa afirmação: "Mais que reevocar os eventos do passado, eles, em geral, miram a explicação de ritos em andamento"[19]. Não se parte de um pensamento que, por meio dos mitos, evoca alguns eventos a serem atualizados com o rito, mas se parte do rito, e o pensamento mítico possui como valor primário a explicação do rito.

As teses de Durkheim levaram seus discípulos ao aprofundamento de alguns tipos de rito ou de comportamentos que possuíam componentes rituais. Considere-se, por exemplo, as pesquisas de H.

---

15. Cf. ibid., 50.223.
16. Cf. ibid., 49.
17. Ibid., 388.
18. Ibid., 387.
19. Ibid., 139.

Hubert e de M. Mauss sobre a magia[20]. Considere-se, principalmente, o importante aspecto dos presentes na vivência social. Segundo M. Mauss, o presente não possui apenas uma função econômica, já que muitas vezes diz respeito a coisas inúteis, mas se apresenta como uma dinâmica complexa, constituída de jogo entre presente e "contrapresente", cujo valor simbólico está em criar e recriar relações sociais às quais a esfera religiosa também está ligada[21]. Um aspecto relevante é que um presente recebido provoca, quase instintivamente, uma reação correspondente que se realiza no contrapresente; este, portanto, representaria um momento originário das relações sociais, porque antecede a fase de institucionalização dessas relações[22].

Outro aspecto muito relevante é dado pela relação entre o rito e a oração. Também sobre esse argumento, M. Mauss elaborou um estudo pioneiro. Ele observa que "a oração é social, não apenas pelo seu conteúdo, mas também pela sua forma, sendo suas formas de origem exclusivamente sociais. Com efeito, ela não existe fora do rito"[23]. Não há oração, porquanto seja livre e interior, que possa ser "formulada" de modo totalmente independente dos "formulários" que os ritos transmitem aos membros de uma sociedade ou de um grupo. A variedade das mensagens elaboradas pelo orante pressupõe um código que sustenta a valência religiosa e que é precisamente o ritual: "É com as

---

20. Cf. HUBERT, H.; MAUSS, M., *L'origine dei poteri magici e altri saggi di sociologia religiosa*, Roma, New Compton, 1977.
21. Cf. MAUSS, M., Saggio sul dono. Forma e motivo dello scambio nelle società arcaiche, in: id., *Teoria generale della magia e altri saggi*, Torino, Einaudi, 1965, 155-292.
22. A propósito desse argumento, ver o grupo M.A.U.S.S.: CAILLÉ, A., *Il terzo paradigma. Antropologia filosofica del dono*, Torino, Bollati Boringhieri, 1998; GODBOUT, J. T.; CAILLÉ, A., *Lo spirito del dono*, Torino, Bollati Boringhieri, 1993; GODBOUT, J. T., *Il linguaggio del dono*, Torino, Bollati Boringhieri, 1998.
23. MAUSS, M., *La preghiera e i riti orali*, Brescia, Morcelliana, 1997, 25.

frases do ritual que se compõe o discurso interior"[24]. De fato, a mediação indispensável de toda oração é a palavra, e a palavra evoca algo somente se estiver ligada a outras palavras com as quais se constrói uma linguagem compartilhada. A linguagem ritual é a rede dentro da qual a palavra, inclusive a íntima e individual, pode evocar o divino e se tornar oração[25]. Em alguns casos, pode-se observar também uma verdadeira e própria "entrega" por parte de Deus de uma oração agradável a Deus (como no caso do *pai-nosso*), e que entra nos percursos dos rituais. Outras vezes, elabora-se uma livre associação pessoal das palavras herdadas pelo rito e com as quais é possível se dirigir a Deus na convicção de uma espontaneidade que, todavia, está assinalada por percursos institucionais anteriores. Isso significa que, de um modo ou de outro, a oração é uma palavra que nasce do rito.

A dinâmica permanece fundamentalmente a que reconduz o social ao sagrado e o sagrado ao rito. Essa perspectiva durkheimiana, embora com diversas variantes, pode ser encontrada também em autores ingleses. Volta-se, assim, à linha da antropologia social, à qual pertencem Malinowski, Radcliffe-Brown e, sucessivamente, E. E. Evans-Pritchard. Uma discípula de Evans-Pritchard, M. Douglas, reelabora a teoria de Durkheim redefinindo a relação sagrado/profano dentro da tensão entre puro e impuro. A escolha foi feita pelo fato de que "as religiões frequentemente consideram sagradas coisas muito impuras e rejeitadas com horror"[26]. Isso não significa em hipótese alguma que o sagrado se identifique com o impuro, mas apenas que a tendência de distinguir claramente o puro do impuro, observável no

---

24. Ibid., 26.
25. Mauss propõe uma espécie de sinopse que mostra o paralelismo entre as características do rito e as características da oração; cf. ibid., 48-59.
26. DOUGLAS, M., *Purezza e pericolo. Un'analisi dei concetti di contaminazione e tabù*, Bologna, Il Mulino, 1975, 241.

homem moderno, existe muitas vezes também nos povos primitivos, que a gerenciam recorrendo aos ritos da pureza e da impureza[27]. O sagrado está ligado a esses ritos, que consequentemente são as bases originárias da religião. A força cultual e religiosa do rito está no fato de que, gerenciando puro e impuro, realiza aquela ordem de que a sociedade tem necessidade para sobreviver[28]. Segundo M. Douglas, "há coisas que não podemos experimentar sem um ritual: eventos que se sucedem numa sequência regular adquirem um significado em relação aos outros componentes da sequência e, sem toda a sequência, os elementos individuais se dispersam e não são mais perceptíveis"[29]. O rito é uma modalidade insubstituível da experiência humana para a relação específica que se realiza entre seus componentes[30]. A relação fundamental é aquela entre a ação e o símbolo: "Quando uso a palavra 'rito' – afirma M. Douglas –, junto a ação e o aglomerado de símbolos associados a esta"[31]. Pode-se então compreender facilmente a diferença em relação ao mito, que implica símbolos, mas não a ação. Portanto, a antropóloga M. Douglas se insere naquele filão de estudiosos que reconhecem a primazia do rito sobre o mito[32].

A peculiaridade do rito e a conexão que nele se realiza entre ação e símbolo podem ser lidas segundo uma perspectiva que constitui outro suporte à relação entre o rito e o sagrado. A sugestão vem de

---

27. Cf. ibid., 21
28. Cf. ibid., 195-196.
29. Ibid., 105.
30. Sob esse aspecto, também é possível recuperar a magia; cf. ibid., 116.
31. DOUGLAS, M., *Antropologia e simbolismo. Religione, cibo e denaro nella vita sociale*, Bologna, Il Mulino, 1985, 85.
32. "Implicitamente, desse modo, encontro-me voltando para a ideia de Robertson Smith, de que no estudo das religiões os ritos são primários e os mitos, secundários": DOUGLAS, M., *I simboli naturali. Esplorazione in cosmologia*, Torino, Einaudi, 1979, 26.

R. Firth, segundo o qual "o ritual é uma modalidade simbólica de comunicar, de 'dizer algo' em termos formais, algo que não se deve dizer na linguagem ordinária ou com o comportamento informal. A ideia do 'não se deve dizer' de maneira ordinária significa que o âmbito próprio do ritual é sua reserva, sua separação, sua qualidade 'sagrada'"[33]. Aqui emerge um fato importante: o rito abre caminho para o sagrado, nem tanto porque faz dele o conteúdo de suas linguagens, mas porque assume uma de suas qualidades mais importantes, mais precisamente a qualidade constitutiva que é a sua inefabilidade. A relação que, graças ao rito, se instaura entre religião e cultura não se configura como um nivelamento da primeira às dinâmicas que são comuns em outros aspectos da cultura, mas sim como diferença específica do rito religioso em relação ao restante da cultura.

2.3 As dinâmicas da comunidade e o rito (abordagem sociológica)

A atenção à relação entre rito e sagrado dentro do quadro da vida social não ocorre apenas no âmbito da antropologia, mas também em autores que pertencem mais explicitamente à sociologia. Os estudos de tipo sociológico estão próximos aos estudos de tipo antropológico, fato que não permite traçar uma fronteira clara. O trabalho de Durkheim, por exemplo, indubitavelmente possui características típicas da pesquisa antropológica, ou seja, do estudo das sociedades que possuem uma cultura radicalmente diversa daquela da civilização ocidental moderna (e que muitas vezes essa civilização definiu como "sociedades primitivas"); contudo, não se pode negar que Durkheim pertença também ao âmbito dos sociólogos que se ocupam, principal-

---

33. FIRTH, R., *I simboli e le mode*, Bari, Laterza, 1977, 160.

mente, da sociedade ocidental contemporânea. Portanto, a distinção é muito relativa e deveria ser entendida muito mais como um índice de tendência que como distinção radical. O caso típico de estudo da religião do ponto de vista sociológico é o de M. Weber[34], ao qual se sucederam várias outras pesquisas que trabalharam com o fenômeno religioso em nossa cultura[35]. Assim como o estudo da religião em geral, também o estudo da sua expressão ritual foi abordado sob uma ótica decididamente sociológica, ou seja, no que diz respeito às relações coletivas que se instauram em culturas antigas e na cultura moderna. Dentro dessa ampla perspectiva, é possível distinguir quem examinou o rito em conexão com o sagrado (os ritos sagrados) de quem trabalhou na função social dos ritos de modo independente da esfera religiosa (os ritos profanos).

O trabalho de J. Cazeneuve é um caso emblemático de sociologia, que considera o rito em conexão com a religião. Cazeneuve tende a individuar as relações interdependentes entre aspectos que por vezes são simplesmente opostos. No confronto crítico com Durkheim, ele retoma a dinâmica sagrado/profano afirmando que o sagrado se distingue e deve se distinguir do profano para poder se tornar seu modelo, o arquétipo que orienta a vida de todos os dias, mas justamente por isso deve permanecer encadeado ao profano e se refletir nele[36]. Assim, acaba se delineando uma dinâmica entre distinção e proximidade, entre transcendência e participação[37]. De fato, há ritos

---

34. Cf. WEBER, M., *L'etica protestante e lo spirito del capitalismo*, Firenze, Sansoni, ²1965; ibid., *Economia e società*, Milano, Edizioni di Comunità, 1961, 2 v.
35. Um caso clássico, ligado à sociologia do conhecimento, é o estudo da religiosidade individual que tira suas razões das modificações socioculturais, como o de LUCKMANN, T., *La religione invisibile*, Bologna, Il Mulino, 1976.
36. Cf. CAZENEUVE, J., *La sociologia del rito*, Milano, Il Saggiatore, 1974, 268.
37. Ibid., 272.

ligados prevalentemente à transcendência, ou seja, ritos em que o sagrado está colocado como que separado da condição humana e ritos ligados à participação, ou seja, ritos em que o sagrado é utilizado em favor da condição humana[38]. A questão é muito complexa, pois coloca em jogo a relação entre forma comportamental do rito e o conteúdo da crença religiosa, dado que a transcendência e a participação implicam diferentes modos de entender as relações entre a vida humana e a realidade divina. E porque as crenças religiosas podem ser encontradas principalmente nos mitos, reemerge o problema da relação entre rito e mito. Sobre esse tema, Cazeneuve mantém uma atitude de equilíbrio. Ele sustenta que as cerimônias complexas observáveis nas religiões, à diferença daquelas ligadas à magia, implicam ao mesmo tempo as dinâmicas elementares típicas de um ritual e a atualização de um mito[39]. Em termos sintéticos, ele afirma que na religião o rito é inseparável do mito e, por outro lado, o mito assume seu verdadeiro sentido no rito[40]. Como se pode perceber, também nesse caso Cazeneuve tende a colocar em evidência a relação de interconexão entre componentes diferentes, evitando exagerar a primazia de um em relação ao outro.

No âmbito dos estudos sociais, houve também, e ainda há, um amplo espaço do rito independentemente de seu referencial religioso. Os comportamentos repetitivos, o envolvimento da corporeidade, a lógica da troca são características rituais mais do que nunca relevantes nas relações sociais e, em primeiro lugar, nas relações interpessoais. Tome-se como exemplo os trabalhos feitos por E. Goffman sobre os jogos de rosto e sobre as dinâmicas microssociais que atravessam a vida

---

38. Cf. ibid., 274-368.
39. Cf. ibid., 34.
40. Cf. ibid., 269.

cotidiana dos membros de uma comunidade[41]. Outra pista de pesquisa é a que foi conduzida sobre as relações entre rito e esfera política. D. I. Kertzer se movimentou nessa perspectiva[42], conferindo um particular relevo aos aspectos conflitantes. Isso já tinha sido feito por outros autores que haviam colocado em evidência a relevância do rito para superar os conflitos e confirmar a estrutura social existente. Kertzer, em vez disso, tenta mostrar que não há sempre equivalência entre ritual e estabilidade, dado que o rito pode desempenhar o papel de manter a ordem e o *status quo*, mas pode também provocar sua derrubada[43]. Outra perspectiva é a que trabalha com a convivência em grupo, como no caso daqueles que D. Picard chama de "rituais do saber viver"[44]. Em todos os casos em que não há referências explícitas à religião é possível falar de ritos profanos, que, como observa C. Rivière,

> são, de fato, menos ligados a crenças fortes – das quais seriam o renascimento, como nas religiões – que em uma determinada cultura ou subcultura, entendida como estilo de vida, como conjunto de valores e de comportamentos com adesões pouco firmes, fugazes ou de costume. Os ritos profanos indicam muito mais uma participação a um sistema institucional do que não interiorização de um conjunto de crenças[45].

O interesse dos estudiosos em relação ao comportamento ritual se movimenta num leque de perspectivas cada vez mais amplo. Se dentro dos ritos sagrados emerge a questão da relação entre rito e

---

41. Em relação a isso, o próprio Goffman fala do papel ritual do *self*; cf. GOFFMAN, E., *Il rituale dell'interazione*, Bologna, Il Mulino, 1988, 35-37.
42. Cf. KERTZER, D. I., *Riti e simboli del potere*, Roma/Bari, Laterza, 1989.
43. Cf. ID., *I rituali del saper vivere*, Roma, Riuniti, 1997.
44. Cf. PICARD, D. I., Rituel et symbolisme politiques des sociétés occidentales, *L'homme* 121 (1992), 79-82.
45. RIVIÈRE, C., *I riti profani*, Roma, Armando, 1998, 59-60.

mito, num horizonte sociológico ampliado emerge a questão da relação entre rito sagrado e rito profano. Os autores acima mencionados tendem a sublinhar ora um, ora outro, dado que, se de um lado (como Cazeneuve) é sublinhada a íntima relação entre os processos operativos de tipo ritual e as crenças religiosas de tipo mítico, por outro lado há quem (como Rivière) sustente que os ritos digam respeito mais à "participação a um sistema institucional" e muito menos "à interiorização do conjunto de crenças". É possível perguntar, no entanto, se as duas ênfases não são um problema mais geral que poderia ser reformulado na questão da relação entre a forma do rito e o conteúdo do rito. Essa questão leva rumo à valência linguística e comunicativa dos rituais, que já apareceu nos estudiosos ligados aos âmbitos biológicos e antropológicos.

Capítulo 3
Os desenvolvimentos dos estudos sobre o rito: o olhar do rito

As pesquisas sobre os comportamentos rituais do ser humano foram aumentando de modo considerável nas últimas décadas e, principalmente, produzindo perspectivas interpretativas sempre mais variadas e complexas. Voltam todos os âmbitos já mencionados (biológico, psicológico, antropológico e sociológico), mas segundo novas modalidades e mais complexas. Um dos aspectos mais evidentes é a ênfase do valor performativo do rito, com uma série de problemáticas ligadas à relação entre a ação e o mundo dos significados. Outro aspecto de primeiro plano é o que configura o rito ao ponto de convergência entre natureza e cultura, entre esfera biopsíquica e esfera psicossocial. Sobre esse ponto, uma contribuição notável provém das ciências cognitivas e da sua capacidade de entrelaçar as dinâmicas que podem ser encontradas nos comportamentos rituais. Os sucessos dessas pesquisas são mais do que nunca relevantes para o aprofundamento da experiência religiosa, que, não por acaso, é cada vez mais ligada à ação ritual.

3.1 A dimensão performativa do rito

O aprofundamento da função sociocultural do rito pode se valer não apenas do estudo de sua incidência na práxis de uma sociedade, mas também na elaboração da sua cultura e, consequentemente, no modo de compreensão do mundo por parte de uma determinada sociedade. Esse aspecto, que leva ao aprofundamento da dimensão performativa do rito, embora já perceptível nos autores precedentes, assume uma relevância nova e mais evidente. De fato, torna-se cada vez mais urgente a questão da ligação entre semântica e pragmática do rito. Os autores com quem trabalharemos neste parágrafo aprofundaram a relação entre esses dois aspectos e a relevância que essa relação possui em virtude do rito, cuja semântica aparece sempre mais claramente fundamentada sobre a pragmática[1]. Para captar esse desenvolvimento dos estudos é muito oportuno ter por base as mudanças na vida pessoal e coletiva, que podem criar desequilíbrios, preocupações ou até mesmo conflitos. Segundo A. Van Gennep, muitas sociedades humanas teriam enfrentado essas mudanças por meio de ritos capazes de acompanhar as passagens de uma situação para outra. Trata-se dos "ritos de passagem", que, embora com as devidas diferenças, conforme o rito específico, implicam as três fases da separação, da marginalização e da reagrupação[2].

---

1. O estudo sobre o rito, sob a perspectiva da dimensão performativa, abraça muitos âmbitos da pesquisa; no entanto, essa intervenção se restringirá a alguns autores particularmente relevantes. Para outras abordagens, cf. GRIMES, R. L., Performance Theory and the Study of Ritual, in: ANTES, P.; GEERTZ, A. W.; WARNE, R. R. (org.), *New Approaches to the Study of Religion. II. Textual, Comparative, Sociological and Cognitive Approaches*, Berlin/New York, Walter De Gruyter, 2008, 109-138.
2. Cf. VAN GENNEP, A., *I riti di passaggio*, Torino, Boringhieri, 1981, 167.

A retomada, por parte de V. Turner, dos estudos de Van Gennep permitiu avaliar mais atentamente a questão, individuando nos ritos de passagem o modelo fundamental da ritualidade. Na base das considerações de Turner, está a relevância da dimensão performativa que pode ser encontrada em diferentes tipos de expressões sociais, como o teatro, o romance, o cinema, o jogo. A consciência da importância dessas dinâmicas, ligadas à esfera volitiva e emotiva, constituiria a novidade do pós-moderno em relação ao moderno. "Nas consciências modernas – escreve Turner – cognição, ideia e racionalidade eram dominantes. Com a virada pós-moderna, a cognição não é destronada, mas se coloca muito mais no mesmo plano da volição e do afeto"[3]. A *performance* pressupõe essa reavaliação, mas, principalmente, representa um modo particular de integrar a cognição, a volição e o afeto. Por exemplo, ao se tomar a frase "se eu *fosse* você", o performativo pode ser individuado no "*fosse*"[4]. O rito possui essa característica do "se eu fosse", à qual, contudo, adiciona-se outro aspecto da *performance*, que diz respeito aos processos sociais. Diante de uma crise que compromete o tecido social, as comunidades humanas reagem implementando ritos, ou seja, estratégias capazes de superar o perigo de desagregação; essas estratégias implicam uma fase *liminar*, ou seja, uma saída da vivência social ordinária para poder resolver seus problemas e contradições[5]. Pode-se perceber imediatamente que, se a liminaridade implica uma alternativa à vivência ordinária, ela possui a qualidade do "se fosse", aqui entendido – mais do que uma simples informação sobre o real – como um modo diferente de conceber o real.

---

3. TURNER, V., *Antropologia della performance*, Bologna Il Mulino, 1993, 157.
4. Cf. ibid., 187.
5. Cf. ibid., 81.

A liminaridade é perceptível em diversos fenômenos sociais, mas é principalmente no rito que aparece toda sua expressividade. É graças a esta que o rito pode ser definido como uma "*performance transformativa*", intimamente ligada às "contradições dos processos culturais"[6]. Ao aprofundar a dinâmica liminar do rito, Turner se vale, em parte, do trabalho de Van Gennep, que reconhece nos ritos de passagem o jogo entre a separação da sociedade e a sucessiva reinserção nesta[7]. Mais precisamente, os ritos de passagem implicam três fases fundamentais: a) a separação da costumeira convivência coletiva, ou mais precisamente da estrutura social; b) o momento mais ou menos longo de marginalização, ou seja, a inserção numa convivência particular, para a qual Turner recorre ao termo *communitas* e que corresponde à antiestrutura; c) a reinserção no tecido social ordinário. Enquanto na estrutura social as relações são gerenciadas por uma série impessoal de normas (que poderia ser semelhante ao "Isso" de que fala M. Buber), na *communitas*, ou seja, na fase antiestrutural, os indivíduos vivem relações mais diretas (semelhantes à relação Eu-Tu de Buber). Segundo essa interpretação, o rito reconduz aos processos mais originários da convivência (os processos subjetivos), reforçando assim as relações sociais. O aspecto relevante é que o rito reforça a estrutura social justamente ao fazer sair momentaneamente dela e atuando na antiestrutura da *communitas*. Deve-se dizer logo que nesse processo o rito pode também levar a alguma modificação nas relações sociais quanto às estruturas originárias, mas isso diz respeito mais facilmente às sociedades complexas, em que coexistem grupos

---

6. Aqui, Turner é devedor da definição dada por GRIMES, *Performance Theory and the Study of Ritual*, 149.
7. Cf. TURNER, V., *Il processo rituale. Struttura e anti-struttura*, Brescia, Morcelliana, 1972, 181.

diversificados. Em todo caso, o que aparece até aqui é a função social do rito.

O rito, contudo, justo quando desempenha essa função, consegue também outro resultado, que diz respeito à esfera do conhecimento. Entre a separação e a reagrupação, aqueles que participam do rito transcorrem um período, mais ou menos longo, durante o qual tomam conhecimento de alguns aspectos das crenças conservadas na tradição do próprio povo; em se tratando de ritos de iniciação, o que é revelado aos candidatos diz respeito aos elementos mais importantes sobre os quais se fundamenta a vida de um determinado povo, ou seja, sua *Weltanschauung*[8]. Turner vai mais além quando afirma que a comunidade daqueles que participam dos ritos (*communitas*) "tende a gerar metáforas e símbolos que sucessivamente dão lugar a conjuntos e reagrupamentos de valores culturais"[9]. Ou seja, o rito abre-se para o mundo dos significados de uma determinada sociedade, atuando assim também na direção cognitiva. É reconhecido então ao rito não apenas o papel de contribuir para as relações positivas entre os membros de um grupo, mas também a capacidade de favorecer a elaboração dos valores que constituem um aspecto decisivo da compreensão do mundo.

Em termos muito sintéticos se poderia afirmar que o rito evita tanto o puro eficientismo, interessado apenas em resultados sociais de uma práxis, quanto o intelectualismo, interessado apenas na elaboração de concepções abstratas. O rito mantém a íntima unidade entre práxis social e sistema cultural; assim fazendo, mantém a estreita conexão entre a experiência e o conhecimento. Parece que isso faz do rito

---

8. É o próprio Turner quem cita a noção de *Weltanschauung*, elaborada por Dilthey, em referência à *performance* em geral e à ritual em particular; cf. TURNER, V., *Antropologia della performance*, 164-171.
9. Id., *Dal rito al teatro*, Bologna, Il Mulino, 1986, 96.

a modalidade ideal da religião que "não é exclusivamente um sistema gnosiológico, um conjunto de dogmas, mas é também uma experiência significativa e um significado demonstrado"[10]. Caso nos interroguemos sobre com quais outros dispositivos culturais uma sociedade poderia contar para realizar algo de similar ao rito, vem de modo bastante imediato a referência ao teatro, que, em muitos aspectos, assemelha-se ao rito. Há, contudo, um aspecto do rito, ausente no teatro, que constitui sua força persuasiva. "O ritual – escreve Turner –, diversamente do teatro, não faz distinção entre atores e espectadores."[11] Em outros termos, o rito não permite a tomada de distância por parte de quem nele participa, com a consequência de veicular um sentido de pertença que reforça o compartilhamento das concepções aceitas pela comunidade.

Uma das perspectivas mais fecundas das pesquisas antropológicas é justamente o que se constatou acima, ou seja, a integração entre a práxis comunitária e a elaboração de uma visão do mundo, entre a sociedade como comportamento e a cultura como conhecimento. Um autor que se movimentou nessa direção foi sem dúvida alguma C. Geertz, principalmente graças à sua reavaliação da dimensão simbólica. Na base disso está a convicção de que o comportamento humano deve ser entendido como ação simbólica[12], ou seja, como sequência de movimentos e trocas que possuem a qualidade de sinal, e que, portanto, são portadores de uma estrutura de significação. A cultura "está constituída de sistemas interconectados de sinais interpretáveis (o que eu chamaria de símbolos)"[13]. A religião é entendida como um siste-

---

10. Ibid., 156.
11. Ibid., 199.
12. Cf. GEERTZ, C., *Interpretazione di culture*, Bologna, Il Mulino, 1998, 18.
13. Ibid., 22.

ma cultural, propriamente porque ela é um componente fundamental da rede de símbolos que se encontram numa sociedade. Mais precisamente Geertz afirma que uma religião é

> (1) Um sistema de símbolos que atua (ou funciona) (2) estabelecendo nos homens estados de ânimo profundos, difusos e duráveis, e motivações por meio da (3) formulação de conceitos de uma ordem geral da existência e do (4) revestimento desses conceitos com uma aura de concretude tal que (5) os estados de ânimo e as motivações parecem absolutamente realistas[14].

A definição, em sua complexidade, põe em evidência algumas dinâmicas que são fundamentais por si próprias, mas que assumem toda sua força justamente porque estão entrelaçadas com o contexto unitário que é o rito; desse modo, embora a definição diga respeito à religião, seu ponto forte está constituído pelo rito.

A primeira dinâmica é claramente religiosa, dado que diz respeito ao íntimo liame que no sistema simbólico de tipo religioso (1) se instaura entre a esfera emotiva (2) e o conjunto dos conceitos de ordem geral (3). A força dessa dinâmica, contudo, depende da segunda, que diz respeito à concretude com que são percebidos aqueles conceitos (4) e que implica o rito. De fato, a concretude se torna possível pelo fato de que os conceitos estão ligados a ações que trazem em si a força da autoridade.

> Impregnar determinado conjunto específico de símbolos [...] de uma autoridade persuasiva: essa é, de um ponto de vista analítico, a essência da ação religiosa. O que nos leva ao ritual. De fato, é no ritual – isto é, na conduta consagrada – que se gera de algum modo essa convicção de que as concepções religiosas são

---

14. Ibid., 115.

verdadeiras e as diretrizes religiosas, válidas. É numa espécie de forma cerimonial [...] que os estados de ânimo e as motivações que os símbolos sagrados induzem nos homens se encontram e se reforçam com os conceitos gerais sobre a ordem da existência que estes formulam para os homens[15].

Em outros termos, o rito possui um efeito "realista" nos participantes (5), pois neles não está em jogo apenas uma visão de mundo, mas também o próprio mundo em sua versão religiosa. Graças ao rito, a religião é ao mesmo tempo uma concepção e uma realidade. Na base dessa perspectiva está a escolha de Geertz em adotar uma antropologia interpretativa[16], com a qual se entende inserir o fenômeno estudado há décadas pela antropologia num horizonte mais complexo, que implica o jogo entre a vivência social de uma população e sua compreensão cultural do mundo. A preciosidade do rito é a de se colocar como centro de integração desses dois aspectos e, consequentemente, obter o realismo do sagrado, que é tão relevante para os mundos religiosos.

A tese segundo a qual o rito desempenha ao mesmo tempo um papel social e um papel cognitivo é aprofundada também por S. J. Tambiah. Ele parte da premissa de que os homens se movimentam com base em dois diferentes modelos: a) o modelo da "causalidade", que atua em função da verificação dos fatos, segundo regras estabelecidas pela comunidade científica; b) o modelo dos atos "performativos", que atua com base no compartilhamento de certo modo de compreensão da realidade por parte de determinada sociedade. A ritualidade pertence ao modelo performativo[17]. Mais precisamente, Tambiah afirma que a ação ritual é performativa em três sentidos: a) "no sentido

---

15. Ibid., 142-143.
16. Cf. GEERTZ, C., *Antropologia interpretativa*, Bologna, Il Mulino, 1988.
17. Cf. TAMBIAH, S. J., *Rituali e cultura*, Bologna, Il Mulino, 1995, 22-23.

austiniano de performativo, em que dizer algo é também fazer algo" (performatividade da linguagem verbal); b) "no sentido, bem diferente, de uma representação cênica que usa vários meios de comunicação, graças aos quais os participantes experimentam o evento de modo intenso" (performatividade das linguagens não verbais); c) e no sentido da integração deveras original de diversos tipos de sinais, que Peirce chamava de "indiciais, icônicos e simbólicos"[18].

A primeira acepção de performatividade, ligada à comunicação verbal, diz respeito à "relação entre rito e visão de mundo", que Tambiah identifica com a "cosmologia". É bem conhecida a teoria de Austin segundo a qual há frases que, graças a determinada convenção social, não se limitam a exprimir algo, mas chegam a modificar a realidade. Se numa causa judicial, legitimamente instituída, o juiz afirma que o imputado é culpado, daquele momento em diante, o estado social do indivíduo sob processo muda realmente. O poder das palavras do juiz depende da convenção social. Também o que ocorre nos ritos religiosos (ou mágicos) depende das convenções sociais, principalmente daquelas "convenções" que estão intimamente ligadas às "convicções" ou concessões mais profundas de um determinado povo, e que correspondem à cosmologia desse povo[19]. Entre rito e visão de mundo há, portanto, uma relação íntima. O aspecto mais importante que nosso autor tenta colocar em evidência diz respeito à dupla direção dessa relação. Tambiah, de fato, sustenta não apenas a dependência das normas que regulamentam os ritos da visão cosmológica de uma sociedade, mas também o contrário, ou seja, a dependência da cosmologia dos ritos. Essa direção está ligada a vários fatores. Em primeiro lugar, o rito, com suas regras fixas, em que se deixa pouco espaço para os elementos mais

---

18. Cf. ibid., 130-131.
19. Cf. ibid., 133.

subjetivos, mantém os participantes a uma certa "distância" psicológica da mesma ação cênica e ritual[20]. Essa distância predispõe os indivíduos a se separarem das próprias preocupações imediatas e os abre a uma visão mais ampla, que coincide com a cosmologia da sociedade a qual pertencem. Outro fator decisivo para a obtenção dessa abertura para a cosmologia está representado pelo modelo comunicativo atuante nos ritos. As mensagens rituais são "redundantes" e os ritos, individualmente, são "repetitivos"; isso significa que a comunicação realizada não tende a informar transmitindo novas noções, mas a evocar aquilo que é mais antigo e originário nas concepções de um povo.

A segunda acepção de performatividade, ligada à comunicação multimídia, diz respeito à "relação entre rito e sociedade". Tambiah observa que a comunicação ritual, do tipo mais persuasivo que informativo, diz respeito a "orquestração interpessoal, integração social e continuidade"[21]. Para a obtenção dessa intenção social, contribui decididamente a multiplicidade de linguagens ou meios de comunicação utilizados pelo rito: poesia, pintura, música, dança e outros. O que aparece "é uma atuação dramática cuja estrutura distintiva [...] diz respeito à produção de um sentido de comunicação elevada, intensificada, fluida"[22]. Segundo esse outro sentido da performatividade, o rito está intimamente conectado às estruturas profundas que regem a sociedade, e, consequentemente, favorece a coesão sobre a qual se baseia a vida social. Por esse motivo, de pode dizer que, se o primeiro tipo de performatividade dizia respeito à relação entre rito e cosmologia, o segundo sentido de performatividade se refere à relação entre "rito e sociedade".

---

20. Cf. ibid., 137.
21. Cf. ibid., 148.
22. Cf. ibid., 159.

A terceira acepção de performatividade, ligada à integração entre diversos tipos de sinais, diz respeito à "relação que no rito se instaura entre cosmologia e sociedade". Para explicar em que consiste essa relação, Tambiah recorre à distinção que Peirce faz entre índice, ícone e símbolo. Um exemplo de sinal indicial é representado pela exclamação "ei!", com que se adverte o interlocutor de algo; em vez disso, um exemplo de sinal icônico é o retrato que se reenvia, por semelhança, à pessoa que está ali representada; um caso típico do sinal simbólico é o das línguas, para cuja compreensão se torna indispensável um entendimento prévio entre os dialogantes da gramática e do léxico[23]. Os índices, os ícones e os símbolos estabelecem suas relações com o objeto ao qual se referem suas relações, segundo um diverso grau de convencionalidade social e cultural. O rito, combinando esses três tipos de sinal, realiza a conexão entre aspecto social e aspecto cognitivo, entre vivência coletiva e visão de mundo. Para demonstrar essa complexa dinâmica do rito, Tambiah recorre a duas combinações: a dos símbolos indiciais e, sucessivamente, a dos ícones indiciais. Os símbolos indiciais compõem o aspecto simbólico, que consiste em representar um objeto segundo regras convencionais (da linguagem verbal), com o aspecto de índice, que consiste em mostrar a relação existencial com o objeto representado.

Os símbolos indiciais e os ícones indiciais permitem ao rito manter uma ligação íntima entre a vida da comunidade celebrante, que Tambiah reconduz ao âmbito sociológico, e os conteúdos da fé religiosa, que diz respeito ao âmbito cosmológico[24]. Em ambos, o aspecto

---

23. Cf. PEIRCE, C. S., *Semiotica*, Torino, Einaudi, 1980, 2.92.
24. "Os conceitos de símbolo indicial e de ícone indicial são úteis para mostrar quantas partes importantes de uma cena ritual têm um significado simbólico ou icônico, associado ao âmbito cosmológico do conteúdo, e, ao mesmo tempo, o quanto

indicial reenvia ao âmbito social, ao passo que o aspecto simbólico e o aspecto icônico reenviam à esfera cosmológica. Esse duplo âmbito, que segundo o próprio Tambiah reúne as direções pragmática e semântica, constitui a natureza performativa do rito. Em outra parte de seu trabalho, Tambiah havia sublinhado que o rito é um conjunto de pensamento e ação, de palavras e gestos. O pensamento e as palavras exprimem principalmente a visão cosmológica (aspecto cognitivo), ao passo que a ação e os gestos exprimem as relações sociais (aspecto social)[25]. O rito não se identifica com nenhum dos dois polos, mas implica a ambos. Essa complexidade do rito está na base também das diversas perspectivas com que pode ser estudado, dado que é possível considerar sua posição nos intercâmbios sociais, aprofundar sua qualidade comunicativa, buscar as estruturas semióticas que estão na base da sua capacidade de elaborar significados ou ainda verificar sua relação com as pesquisas mais avançadas sobre as dinâmicas cognitivas do homem.

3.2 A origem ritual da religião e da humanidade

A interpretação do rito sob a perspectiva da dimensão performativa atinge seu apogeu nos autores que colocam o rito nas origens do sagrado e de toda cultura humana. Segundo W. Burkert, é o sacrifício que constitui o aspecto decisivo na relação entre rito e sagrado. Antes de tudo, ele sustenta que a "experiência fundamental do 'sagrado' é a morte de vítimas. O *homo religiosus* age e se torna consciente de si

---

essas mesmas partes estão existencialmente ou indicialmente conectadas a quem participa do ritual, criando, afirmado ou legitimando suas posições sociais e seu poder": TAMBIAH, *Rituali e cultura*, 176.

25. Ibid., 43.

enquanto *homo necans*"[26]. Mas a morte de uma vítima é a componente fundamental do sacrifício, que é um rito, com a consequência de que o rito está na base do sagrado. Em relação à outra componente das religiões, isto é, ao mito, por mais que sua presença seja de grande relevância, deve ser considerada em estreita conexão com o rito. Antes, do ponto de vista estritamente temporal, o rito é mais antigo que o mito, dado que este implica a linguagem verbal e, portanto, o aparecimento do homem, enquanto o rito já estava presente em espécies mais antigas[27]. A primazia do rito na construção do sagrado pode ter também outros suportes, mas indubitavelmente encontra um grande apoio na teoria do sacrifício de Burkert.

Outro estudioso que sublinha o valor originário do rito em relação aos fenômenos religiosos e culturais é R. Girard. As considerações de Girard partem da convicção de que há um forte nexo entre a violência e o sagrado, e que esse nexo esteja evidente nos sacrifícios rituais. Ao tentar fazer um percurso explicativo, ele se pergunta a propósito de onde nasce a violência, e responde fazendo referência ao mecanismo mimético do desejo, ou seja, do fato de que cada um tende a desejar aquilo que vê ser desejado pelos outros. Disso se origina o abuso e a violência que minam as relações sociais[28]. Os diversos componentes do grupo em que se difunde a violência não estão conscientes dessa sua origem e tendem a se culpar uns aos outros, dado que cada um atribui aos outros a responsabilidade da agressividade. Uma sociedade não pode suportar essa situação sem se desintegrar. É necessário encontrar um indivíduo que seja reconhecido por todos os membros da comuni-

---

26. BURKERT, W., *Homo necans. Antropologia del sacrificio cruento nella Grecia antica*, Torino, Boringhieri, 23.
27. Cf. ibid., 41-43.
28. GIRARD, R., *La violenza e il sacro*, Milano, Adelphi, 1980, 49-50.193.

dade como o verdadeiro culpado, o responsável de toda a violência que existe na sociedade. Nasce assim a figura da vítima expiatória. O reconhecimento de um responsável por todos é de extrema importância para que a violência recíproca de "um contra o outro" seja substituída pela violência unânime de "todos contra um"[29]. Desse modo a sociedade é salva pela violência. No entanto, porque a violência está ligada ao reconhecimento da vítima, essa é considerada sagrada, pois permite o libertar-se da violência. "O pensamento religioso – escreve Girard – é inevitavelmente levado a ver na vítima expiatória, isto é, simplesmente, na última vítima, aquela que sofre a violência sem provocar novas represálias; uma criatura sobrenatural que semeia a violência para depois colher a paz."[30] Na vítima expiatória são conjugados violência e sagrado. O aspecto mais importante a ser relevado é que nas diversas sociedades humanas a vítima expiatória é ligada ao sacrifício, ou seja, a um rito[31], em que, principalmente, a própria vítima não é um homem, mas um animal. Para compreender esse fato é necessário proceder a mais esclarecimentos.

A escolha de uma vítima expiatória implica a individuação de alguém (a ser considerado culpado) que possa substituir a comunidade (que é a verdadeira culpada da violência). Segundo Girard, essa substituição pressupõe um dispositivo simbólico que se baseia na dinâmica semelhança/dessemelhança: para poder substituir os outros, a vítima deve ser similar a eles (um ser humano), mas para poder ser considerada culpada deve ter algo de especial, deve ser diferente de

---

29. Cf. ibid., 190. Ver também GIRARD, R., *Delle cose nascoste sin dalla fondazione del mondo. Ricerche con Jean-Michel Oughourdian e Guy Lefort*, Milano, Adelphi, 1983, 41.
30. GIRARD, *La violenza e il sacro*, 119; cf. também ibid., *Delle cose nascoste sin dalla fondazione del mondo*, 42.
31. Ibid., *La violenza e il sacro*, 121.

todos os outros (por exemplo, por alguma característica física). Essa operação, baseada na dinâmica da semelhança/dessemelhança, teria sido o ato originário antigo com que uma sociedade tentou exorcizar a violência. Contudo, o que se assiste nos vários povos é a um sacrifício que se repete ritualmente, e cuja vítima é principalmente um animal[32]. Deve-se então se perguntar sobre qual relação há entre a antiga vítima e a que é sacrificada nos ritos. Aqui intervém uma segunda substituição, tornada possível pela mesma dinâmica de semelhança/dessemelhança que ocorre na primeira substituição. De fato, o animal, mesmo sendo diferente do ser humano, é o ser que mais se assemelha a ele[33]. Girard chama a atenção para o fato de que, em muitos casos, o animal designado a servir como vítima no rito sacrifical é colocado separado dos outros animais e obrigado a viver de modo mais doméstico, próximo à comunidade humana, quase como para torná-lo mais semelhante aos seres humanos. O animal escolhido é, assim, semelhante e dessemelhante em relação ao ser humano.

De tudo aquilo que se tratou, emerge que

> o sacrifício ritual está fundamentado sobre uma dupla substituição; a primeira, a que nunca se percebe, é a substituição de todos os membros da comunidade por um só; essa se apoia sobre o mecanismo da vítima expiatória. A segunda, a única propriamente ritual, sobrepõe-se à primeira; substitui a vítima originária com uma vítima pertencente a uma categoria sacrificável[34].

---

32. Girard está convencido de que, entre o mecanismo de vitimização inicial e o sacrifício ritual sucessivo, entre a antiga vítima expiatória e a atual vítima ritual, há um nexo profundo, e que essa ligação implica a dependência do rito e da violência das origens; cf. id., *Il capro espiatorio*, Milano, Adelphi, 1987, 93-95.
33. Id., *La violenza e il sacro*, 352.
34. Ibid., 139-140.

Toda essa operação configura a natureza do sagrado e, ao mesmo tempo, mostra o papel central do rito. De fato, não se deve esquecer que a primeira substituição (pré-ritual) não poderia configurar a vida da sociedade – e, em primeiro lugar, o escape da violência – se não se perpetuasse na segunda substituição (propriamente ritual). Há, portanto, um nexo profundo entre sagrado e rito: ligação que implica o símbolo. O rito sacrifical, de fato, está estreitamente conectado ao evento originário sacrifical, imitando-o enquanto age sobre o mesmo mecanismo da substituição[35]. Contudo, a dinâmica da substituição, segundo Girard, é a natureza profunda do símbolo: "O pensamento simbólico possui sua origem no mecanismo da vítima expiatória [...]. É a partir de um *arbitrário* fundamental que é concebida a presença simultânea do *arbitrário* e do verdadeiro nos sistemas simbólicos"[36]. É assim que se configura um forte liame entre sagrado, símbolo e rito.

Toda a construção de Girard parte do mascaramento inicial, ou seja, do ter se considerado que o responsável pela violência não é o mecanismo mimético que diz respeito a toda a coletividade, mas a um único indivíduo que acaba substituindo a coletividade. Trata-se de um mascaramento inconsciente que funciona justamente porque permanece como tal. O sagrado e, portanto, as religiões se tornam possíveis por esse mecanismo inconsciente[37]. Quando se tomou consciência desse mecanismo, e consequentemente se revelou o mecanismo mimético da violência, iniciou-se o declínio do sagrado e das religiões. Segundo Girard, na base dessa mudança está o processo histórico inicia-

---

35. Cf. GIRARD, *Il capro espiatorio*, 220.
36. Id., *La violenza e il sacro*, 304.
37. "A produção do sagrado é de necessidade inversamente proporcional à compreensão dos mecanismos que a produzem": id., *Delle cose nascoste sin dalla fondazione del mondo*, 52.

do, em parte, pelo judaísmo e, principalmente, pelo cristianismo. Nas sagradas escrituras judaicas há várias referências aos sacrifícios rituais, mas há também relatos que indicam uma reviravolta. Isso aparece, por exemplo, na comparação entre o fratricídio bíblico de Caim e Abel e o fratricídio romano de Rômulo e Remo. No caso do mito romano, Remo, ou seja, a vítima, é apresentado como um transgressor e, em consequência, como o responsável principal da violência. No relato bíblico, pelo contrário, o único e verdadeiro culpado é o agressor, ou seja, Caim. A vítima, Abel, é totalmente inocente. O autor do texto hebraico está do lado da vítima e não tenta esconder a responsabilidade de Caim[38]. Leve-se em consideração também os cantos de Isaías do "servo de Yahweh". Embora na figura do servo de Yahweh se percebam algumas características da vítima expiatória, "contudo, não há nada a ver com um sacrifício ritual, mas com um evento histórico espontâneo"[39]: não se busca uma vítima para sacrificar, mas se denuncia a violência sofrida por um personagem histórico. Os Evangelhos levam a cumprimento essa nova atitude. Jesus não ensina a distinguir uma vítima sobre a qual concentrar a violência coletiva; antes, pelo contrário, ele se opõe radicalmente a essa atitude propondo um ensinamento novo: cada um deve suspender todo ato agressivo para com os outros, pois só assim a violência é definitivamente vencida. Anunciando o Reino de Deus como reino de amor, Jesus revela e denuncia o mecanismo com o qual os homens se iludem em obter a paz, confiando na sacralidade da vítima. Por esse motivo os evangelistas tomam todo cuidado para não apresentar Jesus como a vítima expiatória no sentido clássico do termo. Eles falam dele como um inocente que sofreu uma violência injusta. "Em vez de assumir sobre si a violência coletiva, o texto a joga

---

38. Cf. ibid., 197.
39. Ibid., 208.

novamente sobre os verdadeiros responsáveis."[40] O anúncio evangélico é o mais revolucionário de todos os anúncios aparecidos na história humana, pois, revelando o mecanismo de vitimização, abole o sacrifício sobre o qual haviam se fundamentado os ritos e as religiões[41]. A consequência dessa interpretação é que o cristianismo dá a partida a um processo de dessacralização e de desritualização, e se dirige rumo à primazia do princípio de responsabilidade e da ética.

As teses sobre a origem do sagrado e de sua superação no mundo bíblico, assim como também as considerações sobre o papel desempenhado pelo rito na história da humanidade, abriram um amplo debate em que se ocuparam autores provenientes de diversas disciplinas e perspectivas. Em termos muito sintéticos se poderá observar que a teoria da vítima expiatória não explica todos os aspectos do sagrado perceptíveis nas diversas religiões, e, principalmente, não dá as razões para a existência daquelas formas rituais que apresentam componentes que não se reduzem ao sacrifício. Em relação à superação da lógica sacrifical e da vítima expiatória, deve-se ter presente que ela pode ser encontrada também em tradições religiosas diferentes da tradição bíblica. O problema mais controverso, no entanto, diz respeito à queda moralizante da tese de Girard. O desmascarar da vítima expiatória se traduziu numa formulação teórica, numa doutrina, que se traduz, por sua vez, em ação por meio da responsabilidade ética. Tudo isso parece ressentir a trama cultural que assinalou o pensamento ocidental (e não apenas) na direção de uma concepção intelectualista do homem. O sagrado, privado do rito, corre o risco de se tornar uma ideologia religiosa que apenas busca uma observância moral. Na base, está uma antropologia que parece desmentida não somente por diversas perspecti-

---

40. Ibid., 223. Cf. também 229.
41. Cf. GIRARD, *Il capro espiatorio*, 258.

vas filosóficas, mas também por pesquisas científicas mais avançadas: perspectivas e pesquisas que colocam no corpo e em suas dinâmicas rituais os componentes originários do desenvolvimento tanto da consciência em geral quanto da consciência religiosa em particular. Um autor sensível a esses novos saberes filosóficos e científicos, bem como antropológico-religiosos, é R. Rappaport.

As pesquisas antropológicas acima examinadas, num e noutro modo, reconheceram que o rito é um fenômeno intrínseco à elaboração do sagrado. Com R. Rappaport se vai mais além, dado que ao rito é reconhecido um papel central na formação de toda a civilização humana. Isso pode ser compreendido apenas quando se tem presente não somente o conteúdo dos rituais, mas também sua forma. Não se trata de contrapor forma e conteúdo, dado que no rito concretamente executado estão estreitamente unidos. Em vez disso, trata-se de mostrar as qualidades (formais) que podem ser encontradas na maioria dos comportamentos rituais. Desse tipo de pesquisa, emerge uma primeira definição: "O rito denota a *performance* de sequências de atos e enunciados formais mais ou menos invariáveis e não inteiramente codificados por quem os executa ou os pronuncia"[42]. O aspecto mais importante a se ter presente é que a noção de forma não diz respeito à essência do rito, ou seja, à identificação do componente do rito que constituiria sua identidade; a noção de forma é referida ao conjunto do rito, ou seja, à relação entre seus componentes[43].

O fato de que o rito implica a comunidade que o celebra, mas, ao mesmo tempo, é tendencialmente estável e não inteiramente codificado por quem o executa, coloca uma questão central, que Rappaport

---

42. RAPPAPORT, R., *Rito e religione nella costruzione dell'umanità*, Padova, Edizioni Messaggero/Abbazia di S. Giustina, 2004, 64.
43. Cf. ibid, 67.

enfrenta partindo de considerações de tipo semiótico-comunicativo. Mais precisamente, a relação entre a comunidade e o rito é aprofundada descrevendo a tipologia das mensagens envolvidas: uma tipologia reconduzível fundamentalmente à bipartição entre mensagens autorreferenciais e mensagens canônicas.

> Em primeiro lugar, em todos os ritos – animais ou humanos – os participantes transmitem, a si mesmos e aos outros, informações que dizem respeito às suas atuais condições físicas, psíquicas ou sociais [...]. Defino esse tipo de mensagens como "autorreferenciais". Em alguns ritos humanos, e talvez em todos os ritos do mundo animal, não há mais nada[44].

O fato de que o rito diz respeito à comunidade é bastante óbvio, dado que se trata de um comportamento social. Não obstante é bom esclarecer que há diversos modos com os quais a comunidade vive o rito. Um desses modos é justamente o das mensagens autorreferenciais, em que a atenção está dirigida para as condições concretas do grupo. Contudo, há outro modo, e é precisamente aquele em que o rito transmite mensagens suplementares em relação àquelas autorreferenciais. Trata-se de mensagens que,

> embora *transmitidas*, não são *codificadas* pelos participantes. Essas se encontram já codificadas na liturgia. Porque essas mensagens não são codificadas pelos autores e tendem a assumir um caráter invariante, é evidente que *de per si* não podem representar as condições contemporâneas dos participantes [...]. Chamarei a classe dessas mensagens de "canônicas", com a finalidade de reconhecer as propriedades que as conotam, bem como sua clara duração e invariância. A distinção entre canônico e autorreferencial nos permite distinguir entre

---

44. Ibid., 100.

o significado daquilo que é codificado na ordem invariável da liturgia e o significado dos atos por meio dos quais as mensagens invariantes são transmitidas. Que o *Shemá* não tenha sofrido modificações ao longo de três mil anos é uma coisa; que o judeu o recite em particulares ocasiões, é outra. O *Shemá* permanece sem mudanças, mas aqueles que o pronunciam, e se situam, por isso, em relação com ele, continuam a mudar pouco a pouco, na medida em que vão se sucedendo as circunstâncias e as gerações[45].

A canonicidade do rito consiste precisamente em não estar à disposição das escolhas de quem nele participa. Isso não significa que os participantes dos ritos sagrados sejam uma variável indiferente. De fato, como esclarece Rappaport, não apenas os ritos comportam sempre uma dimensão autorreferencial, mas sobretudo a sua canonicidade se conjuga com as circunstâncias em que são celebrados. A questão central, que constitui a essência da performatividade ritual, está dada pela encruzilhada entre aquilo que pertence à estrutura permanente do rito (ou seja, a dimensão canônica) e o envolvimento de quem nele participa (ou seja, a dimensão autorreferencial). Há muitas maneiras de realizar esse cruzamento, mas seu nível mais profundo ocorre na coincidência entre canônico e autorreferencial, por meio da dinâmica da "aceitação". Na base está o fato de que o rito não é o conjunto das disposições transmitidas oralmente ou por escrito, mas sua execução, com a consequência de que, quem participa no rito, é parte integrante de sua ordem e de suas mensagens. Como afirma Rappaport, "o remetente-destinatário se funde com as mensagens transmitidas e recebidas"[46]. No entanto, se quem participa é parte do rito, seria contraditório para ele rejeitar sua ordem, ou seja, a dimensão canônica,

---

45. Ibid., 100-101.
46. Ibid., 179.

já que, nesse caso, ele rejeitaria a si próprio, isto é, a dimensão autorreferencial. Por esse motivo, continua Rappaport, "o autorreferencial e o canônico se unem na aceitação do cânon. A aceitação é a mensagem autorreferencial intrínseca a toda *performance* litúrgica: é a mensagem indicial sem a qual as ordenações litúrgicas e as mensagens canônicas codificadas não teriam consequências, resultando inconsistentes e vazias"[47].

A pertença da comunidade ao rito faz do rito a fonte da vida da comunidade e, em consequência, de tudo aquilo que a comunidade constrói quando realiza a cultura e a civilização. Um aspecto relevante é que a pertença da comunidade ao rito é a sua participação nas dinâmicas do rito, e não apenas a assistência a um espetáculo. Nesse sentido, sublinha Rappaport:

> A distinção entre "público" e "comunidade". A comunidade participa do rito com todas as implicações que dele derivam. O público de uma representação teatral ocidental vê e ouve. Está presente na *performance*, mas dela não toma parte. Uma comunidade, em geral, deve agir durante o rito: deve cantar, dançar, ler, ajoelhar-se, comer, beber. Os membros de um público ocidental, pelo contrário, não devem fazer nada disso[48].

O estar dentro, o fazer parte, no sentido de compartilhar as dinâmicas rituais, é absolutamente decisivo, como já se percebe na perspectiva elaborada por Turner, com a referência à *communitas*, que é retomada pelo próprio Rappaport[49]. Enquanto *communitas*, ou seja, enquanto real participação nas tramas rituais, estas podem ter efeitos decisivos na consciência. Trata-se do efeito neurofisiológico do com-

---

47. Ibid., 179-180.
48. Ibid., 198.
49. Cf. ibid., 305.

portamento ritual. Sobre esse ponto, é decisivo o aporte trazido por alguns neurocientistas, de cujas pesquisas resulta que o comportamento ritual incide: a) no sistema nervoso central, no sentido de que tende a diminuir o domínio do hemisfério esquerdo, ligado à racionalidade, e a valorizar o hemisfério direito, ligado à emotividade; b) em todo o sistema nervoso e também em outras partes do corpo. Em outros termos, "a natureza repetitiva e rítmica de muitos rituais parece ser de importância basilar, pois os ritmos das ordenações [rituais] penetram nos ritmos biológicos dos oficiantes"[50]. O rito, de maneira particular, fazendo prevalecer o hemisfério que diz respeito mais diretamente à esfera emotiva, suspende a modalidade descritivo-analítica da realidade, típica do hemisfério que diz respeito à racionalidade, e favorece a modalidade ligada ao sentido de pertença da realidade, ou seja, a modalidade holística, que está estreitamente ligada ao sagrado. Entra-se assim na abordagem cognitiva do rito. O resultado ao qual Rappaport chega, também graças a esse aporte, é que o rito cria mundos significativos que caracterizam o sagrado e, com o sagrado, a construção da humanidade.

3.3 A estrutura linguística do rito

Os autores elencados acima, e em particular Rappaport, já apresentam os traços das pesquisas provenientes das ciências cognitivas, cuja relevância para a compreensão do rito é sempre mais evidente. Contudo, não se poderá ter acesso a essas ciências sem passar pelas pesquisas linguísticas, seja porque constituem um aspecto determinante das ciências cognitivas, seja porque já por si mesmas represen-

---

50. Ibid., 307.

tam um tipo de abordagem ao rito que não pode ser descuidado. A abordagem linguística ou, mais amplamente, semiótica do rito pode ser encontrada em vários autores, inclusive os que aqui já foram examinados; justamente em função de sua extensão, essa abordagem apresenta também algumas ambiguidades, dado que poderá implicar perspectivas muito diversas. Basta considerar o fato de que a semiótica se ocupa da natureza do sinal, da sua estrutura, dos seus diversos tipos de codificação, dos processos comunicativos. Já se viu, principalmente com Tambiah, a relevância de alguns desses âmbitos para a compreensão do rito. Num olhar mais geral, deve-se partir da observação de que a semiótica se ocupa do sinal sob o perfil sintático, semântico e pragmático, ou seja, em referência à relação entre os significantes que compõe o sinal, sem função do valor semântico do sinal e em função do uso que se faz do sinal nos diferentes contextos em que se desenvolve uma comunicação. O rito pode ser indagado por todos esses aspectos da semiótica[51]. O último aspecto, o pragmático, leva diretamente à dimensão performativa, que diz respeito principalmente à relação entre sinal e ação. Já se viu a dimensão performativa do rito. Nesta obra se referirá principalmente às questões que dizem respeito à sintática e à semântica do rito. Junto às abordagens pragmáticas ligadas à dimensão performativa, os estudos sintáticos e semióticos se constituem como os pressupostos das pesquisas ligadas às ciências cognitivas, que hoje representam um âmbito muito significativo para a compreensão do comportamento ritual.

No contexto das pesquisas antropológicas, o recurso à linguística assumiu uma grande relevância com os trabalhos de C. Lévi-

---

51. Para uma abordagem panorâmica, cf. KREINATH, J., Semiotics, in: KREINATH; SNOEK; STAUSBERG (org.), *Theorizing Rituals. Classical Topics, Theoretical Approaches Analytical Concepts*, 429-470.

Strauss, dirigidos sobretudo aos mitos. Na base desse trabalho está a constatação de que, apesar das distâncias espaciais e temporais das culturas e das civilizações, os mitos se assemelham, dado que traçam em todo lugar uma história cuja forma narrativa segue percursos muito similares[52]. A essa constatação corresponde uma convicção profunda segundo a qual "a *forma* mítica precede o *conteúdo* da narração"[53]. Em outros termos, o mito é, antes de tudo, a linguagem mítica, cuja estrutura tende a resolver as contradições da realidade (e que, enquanto estiverem na realidade, não são resolúveis). Então, qual é a estrutura do mito? Segundo Lévi-Strauss, os mitos e as fábulas fazem um uso hiperestrutural da linguagem, "formam, por assim dizer, uma 'metalinguagem' em que a estrutura é atuante em todos os níveis"[54], ou seja, a estrutura é o verdadeiro interesse deles[55]. O mito, assim como toda linguagem, implica a relação convencional entre um significante e um significado, mas com algumas especificidades: usa-se um significante para indicar um significado, mas este, por sua vez, é usado como um significante para reenviar a outros significados. No primeiro caso há o uso normal da linguagem, ao passo que no segundo caso há um uso ampliado, que pode ser considerado uma metalinguagem, ou seja, uma linguagem que se dirige à linguagem. A característica mais específica do mito é, portanto, a de ser uma metalinguagem, enquanto não se dirige às coisas, mas ao próprio mito. No caso do rito ocorre algo de similar. Lévi-Strauss diz

---

52. Cf. Lévi-Strauss, C., *Antropologia strutturale*, Milano, Il Saggiatore, [8]1980, 233-236.
53. Cf. ibid., 229.
54. Cf. Lévi-Strauss, C., *Antropologia strutturale. Due*, Milano, Il Saggiatore, 1978, 183.
55. "A verdade do mito não reside num conteúdo privilegiado, mas em relações lógicas sem conteúdo": Lévi-Strauss, C., *Mitologia I. Il crudo e il cotto*, Milano, Il Saggiatore, [3]1980, 316.

expressamente que, "no âmbito do mito e do ritual, os mesmos elementos podem indiferentemente servir como significado e significante, e se substituírem reciprocamente em cada função"[56]. Contudo, o rito está caracterizado nem tanto pela linguagem verbal, mas por outras formas expressivas, e, portanto, a esse propósito, é mais oportuno falar de paralinguagem[57]. Isso implica que no rito o significante (não verbal) pode se abrir para muitos e variados significados. Por esse motivo, Lévi-Strauss define o rito como um "significante flutuante"[58].

O pressuposto do trabalho de Lévi-Strauss é que a característica de todo sinal seja aplicável ao rito, ou seja, a dinâmica entre o significante e o significado. Sobre esse ponto foram levantadas algumas objeções. De fato, seria possível perguntar se o rito é realmente um sinal, ou seja, uma composição de significantes e significados. Seria difícil negar que o rito seja feito de formas expressivas, isto é, de significantes. A pergunta diz respeito à esfera semântica, ou seja, se o rito possui também significados como os têm outros sistemas de sinais. Sobre esse argumento, permanece a famosa tese de F. Staal, segundo a qual a característica fundamental do ritual não é a de transmitir significados ou de estar destinado para algo fora de si. O rito é apenas ação, sem significados ou finalidades[59]. O rito está destinado somente a si próprio, e, por esse motivo, o que é verdadeiramente importante no rito é o religioso respeito às próprias regras[60]. Isso conduz ao reconhe-

---

56. Id., *Mitologia II. Dal miele alle ceneri*, Milano, Il Saggiatore, 1970, 459.
57. Id., *Antropologia strutturale. Due*, 104-105.
58. O antropólogo estruturalista recorre a esse termo em referência a fenômenos religiosos como o maná; cf. id, Introduzione all'opera di Marcel Mauss, in: MAUSS, M., *Teoria generale della magia e altri saggi*, Torino, Einaudi, 1965, LII.
59. "Ritual is pure activity, without meaning or goal": STAAL, F., The Meaninglessness of Ritual, *Numen*, 26 (1979), 9.
60. Cf. ibid., 15.

cimento da primazia da sintaxe, isto é, de um conjunto de regras cujo funcionamento é independente da semântica: o rito é sua sintaxe[61].

A tese de Staal possui o mérito de apresentar o rito como uma realidade dotada de uma identidade própria, única e irredutível. Em vez disso, o aspecto discutível é representado pela completa exclusão da dimensão semântica, dado que há muitos modos de entender o "significado"; modos diferentes daqueles de tipo descritivo ou informativo, no entanto, ligados a percursos compatíveis com o rito[62]. Aqui se poderia citar o que escreveu H. H. Penner, que foi um dos primeiros a reagir à proposta de Staal. A observação de Penner é de que parece ser muito difícil sustentar a existência de um sistema linguístico, compreendido o ritual, dotado apenas de uma sintaxe e não de uma semântica, ligado a regras gramaticais e não a um léxico[63]. De resto, o reconhecimento de que a linguagem ritual não tem referenciais externos (ao próprio rito) não implica que ele seja sem significados[64]. De fato, sabemos que há termos, como os abstratos, dotados de significado, mas sem referências externas. Além disso, no caso dos ritos, ocorre ter presente a relação deles com o mundo dos símbolos, para os quais a dimensão semântica não é eliminável. Como observou D. Sperber, também no mundo dos símbolos, assim como no dos ritos, há características totalmente peculiares, mas isso não implica que estes sejam sem significado[65]. Naturalmente, no caso de se aceitar que

---

61. Cf. STAAL, F., The Sound of Religion, *Numen*, 33 (1986), 217.
62. No que tange à relação entre rito e significado nos vários trabalhos que tratam da questão, ou pelo menos a pressupõem, cf. AXEL, M., *Theorizing Rituals. Classical Topics, Theoretical Approaches, Analytical Concepts*, 247-261.
63. Cf. PENNER, H. H., Language, Ritual and Meaning, *Numen*, 32 (1985), 7-11.
64. Cf. ibid., 2-4. Seria possível falar, por exemplo, junto com Todorov, de "significados intransitivos", ou seja, sem referências à realidade externa, mas não sem significado"; cf. ibid., 5.
65. Cf. SPERBER, D., *Rethinking Symbolism*, Cambridge, University Press, 1975.

nos ritos há também uma dimensão semântica, é necessário qualificar sua especificidade.

A convicção de que o rito é uma linguagem e que deve ser entendido como uma forma de comunicação leva E. Leach a manter tanto a dimensão sintática quanto a dimensão semântica. Com efeito, a linguagem implica ambas, e, caso se estude o rito como linguagem, é necessário individuar como nele se entrelaçam. Um aspecto a não ser perdido é a relação entre os diversos componentes de um rito, e, em particular, a relação entre as diferentes linguagens, verbais e não verbais, envolvidas no rito; é essa relação que fornece o critério para compreender a mensagem transmitida pelo rito. Permanece problemática a questão em relação às diferentes linguagens, dada a tendência a privilegiar a linguagem verbal. Em vez disso, é interessante o que Leach escreve a propósito da forma comunicativa do rito, e, em particular, das dinâmicas que se realizam entre os diferentes componentes da comunicação ritual. Ele observa que o rito não possui um "compositor" verdadeiro e próprio; ou, mais exatamente, no rito

> não há nenhum outro "compositor" que os antepassados míticos. Os procedimentos seguem um modelo preestabelecido que foi codificado pela tradição [...]. Normalmente há um "dirigente", um mestre de cerimônias, um sacerdote chefe, um protagonista central, cujas ações fornecem os limites temporais para todos os demais. No entanto, não há uma audiência separada dos ouvintes. Os executores e os ouvintes são o mesmo povo. Estamos ocupados nos ritos transmitindo mensagens coletivas a nós mesmos[66].

---

66. LEACH, E., *Cultura e comunicazione. La logica della connessione simbolica. Un'introduzione all'uso dell'analisi strutturale nell'antropologia sociale*, Milano, Franco Angeli, 1981, 67.

Essa circularidade é um modelo relevante para avaliar a dimensão semântica do rito, que obviamente não pode consistir em fornecer informações. Se no rito todos comunicam a todos, então o rito não visa apenas informar, e sua valência semântica está restrita a transmitir aquilo que todos já conhecem. Então, de onde vêm aqueles significados já conhecidos? E que papel possui o próprio rito em elaborar esses significados? Uma tentativa de resposta a estas perguntas pode vir do estudo dos processos cognitivos intrínsecos às ações rituais.

3.4 A valência cognitiva do rito

O nascimento e o desenvolvimento das ciências cognitivas influenciaram também no estudo da religião e do rito. Fala-se de ciências cognitivas, ou seja, de ciências no plural, pois o tipo de abordagem em jogo implica a confluência de várias disciplinas: psicologia, neurociências, ciências computacionais, linguística, antropologia e filosofia[67]. No início da segunda metade do século XX, as pesquisas sobre a inteligência artificial (em primeiro lugar as de M. Minsky) e a linguística (principalmente com N. Chomsky) imprimiram uma virada radical nos estudos sobre a mente humana. Muitos estudiosos que pertencem à abordagem de tipo cognitivo partem do pressuposto de que o mundo dos significados seja funcional à "consciência" e que o conhecimento esteja baseado em "representações mentais" originárias, as quais precedem tanto a aquisição empírica dos dados externos quanto a transmissão dos conteúdos culturais de uma determinada sociedade. Naturalmente essas capacidades mentais agem de maneira cognitiva sob

---

67. Cf. GEERTZ, A. W., Cognitive approaches to the study of religion, in: ANTES; GEERTZ; WARNE (org.), *New Approaches to the Study of Religion. II. Textual, Comparative, Sociological and Cognitive Approaches*, 351.

a condição de entrelaçar tudo o que o organismo recebe do ambiente. Em outros termos, na mente humana não há um centro, um núcleo estrutural que não possa ser aprendido/ensinado, e uma periferia, um conjunto de representações que dependem da relação com o ambiente e a cultura. A grande mediação entre os dois aspectos das capacidades cognitivas do ser humano está constituída pela linguagem, cujo estudo, não por acaso, deu uma contribuição notável para o nascer das ciências cognitivas. Um segundo aporte decisivo veio das pesquisas sobre o cérebro, que envolvem mais decididamente as neurociências. Por quanto os dois aspectos tendam a se entrecruzar cada vez mais, é possível fazer distinções que facilitem a abordagem a um leque de pesquisas extremamente variado. Em primeiro lugar nos ocuparemos daquela que poderíamos chamar de "valência noético-linguística" do sagrado e do rito.

A relevância do rito para a linguagem constitui uma contribuição já *de per si* muito importante, mas, indiretamente, também em referência à religião. Para aprofundar a conexão rito-sagrado é bom ter presente que, no contexto das pesquisas antropológicas sobre os fenômenos socioculturais e, em particular, sobre o fenômeno religioso, a abordagem de tipo cognitivo implica: a) assumir que os fenômenos sociais e culturais sejam reconduzíveis às propriedades naturais da vida humana; b) a convicção de que os fenômenos culturais não pertencem a um nível especial da realidade; c) a inserção dos fenômenos religiosos dentro de processos mentais comuns a todas as esferas da experiência humana; d) a convicção de que os fenômenos religiosos não exigem a elaboração de uma interpretação *ad hoc*, ou seja, de uma interpretação construída especificamente para os fenômenos religiosos; e) o esclarecimento, contudo, de que, mesmo dentro desse enquadramento geral, deve-se dar razão às características peculiares do simbolismo religioso[68]. Em síntese: o fenômeno religioso pode ser indagado do ponto de vista das ciências cognitivas e as ciências cognitivas devem estar atentas às especificidades do fenômeno religioso.

Os antropólogos que recorreram às ciências cognitivas para estudar a religião[69] partiram da convicção de que a experiência do sagrado pode ser indagada como estratégia da percepção. A abordagem dessa estratégia deve ter presente que o simbolismo religioso implica uma dupla e contrastante atitude: de um lado, esse simbolismo é tão diferente e, por vezes, oposto ao conhecimento cotidiano que parece se caracterizar por uma notável "plasticidade"; por outro lado, no simbolismo religioso notam-se muitas "imposições", das quais o fiel não pode se subtrair[70]. Para dirimir essa aparente contradição entre plasticidade e imposição, e para reconduzir também o fenômeno religioso para dentro do funcionamento geral da mente humana, foram levados em consideração três aspectos: a) o tipo de *representação cognitiva* que age nas categorias religiosas (pense-se na plasticidade da metáfora frequentemente usada nessas categorias); b) a *fixação da crença* que implica a aceitação indiscutível do conhecimentos religioso (pense-se aqui na imposição de que se falou acima); c) a *ação ritual*, com suas características performativas e representativas (principalmente a separação e a não improvisação)[71].

---

68. Cf. BOYER, P. (org.), *Cognitive Aspects of Religious Symbolism*, Cambridge, Cambridge University Press, 1993, 5-18.
69. A partir de GUTHRIE, S. E., A Cognitive Theory of Religion, *Current Anthropology*, 21 (2/1980), 181-203. Cf. também id., *Faces in the Clouds. A New Theory of Religion*, New York/Oxford, Oxford University Press, 1993. Mais recentemente, cf., por exemplo, BOYER, P., *Religion Explained. The Evolutionary Origins of Religious Thought*, New York, Basic Books, 2001; PYYSIÄINEN, I. *How Religion Works. Towards a New Cognitive Science of Religion*, Leiden/Boston, Brill, 2003.
70. BOYER, P., *Cognitive Aspects of Religious Symbolism*, 24.
71. Cf. ibid., 27-41.

Em relação à *representação cognitiva* de tipo religioso, observou-se que uma das suas características mais surpreendentes consiste na capacidade de estabelecer conexões com aspectos e âmbitos diferentes da realidade. Ora, das pesquisas da psicologia cognitiva resulta que na mente humana estão presentes tanto a propensão a distinguir os vários âmbitos da realidade, sobretudo os gêneros viventes e manufaturados, quanto a capacidade de criar conexões e coligações entre os objetos pertencentes aos diversos âmbitos[72].

Essa capacidade[73] é reconduzível à função metafórica, na qual G. Lakoff e M. Johnson tinham já reconhecido uma das dimensões universais da linguagem humana[74]. À luz desses estudos, R. Keesing pode sustentar que a característica metafórico-simbólica do conhecimento religioso não constitui um caso tão extraordinário a ponto de requerer um método de abordagem alternativo em relação ao costumeiro, nos outros âmbitos do conhecimento humano[75]. A peculiaridade do fenômeno religioso e do ritual não é reconduzível nem mesmo a uma distinção demasiadamente radical entre sinal e símbolo. Segundo C. Toren, essa distinção constitui um *a priori* antropológico que impede a verdadeira compreensão principalmente dos ritos religiosos. A dife-

---

72. Cf. Sperber, D., Anthropology and Psychology. Towards an Epidemiology of Representations, *Man*, 20 (1985), 73-89; Atran, S., Ordinary Constraints on the Semantics of Living Kinds. A Commonsense Alternative to Recent Treatments of Natural-object Terms, *Mind and Language*, 2 (1987), 27-63.
73. Gardner a definiria como relação entre diversos tipos de inteligência; cf. Gardner, H., *Formae mentis. Saggio sulla pluralità dell'intelligenza*, Milano, Feltrinelli, ⁶1994, 311-314.
74. Cf. Lakoff, G.; Johnson, M., *Metafora e vita quotidiana*, Roma, Europei Associati, ⁴2012.
75. Cf. Keesing, R., Earth and Path as Complex Categories. Semantics and Symbolism in Kwaio Culture, in: Boyer, P. (org.), *Cognitive Aspects of Religious Symbolism*, 93-110. Ver também Bloch, M., Domain-specificity. Living Kinds and Symbolism, in: ibid., 11-120.

rença semântica entre sinal e símbolo é apenas quantitativa: o símbolo não é outra coisa senão um sinal que se enriqueceu de significados. Esse enriquecimento não depende da intervenção de um mecanismo mental novo, mas da disposição interna da linguagem que pode sempre incrementar os próprios significantes. O fato de que o incremento ocorra em certas direções mais que em outras depende dos percursos educativos, e em primeiro lugar dos ritos impostos por uma determinada sociedade. A criança, em seus primeiros anos de vida, aprende determinados sinais, isto é, aprende a conectar alguns sons e gestos com determinados conceitos; crescendo, ela enriquece o significado originário dos sinais segundo os *standards* estabelecidos por determinada sociedade; um dos instrumentos dos quais a sociedade se serve para educar as crianças aos próprios símbolos culturais é o rito[76]. Os símbolos, portanto, permitem realizar aquilo que acima foi chamado de "fixação das crenças". E como os percursos semânticos de que falamos se tornam possíveis pelos ritos, emerge também a relevância da *ação ritual*, ou seja, o aporte do rito à construção de sentido[77].

Do que foi exposto emerge que as dinâmicas cognitivas do sagrado fazem ressurgir aqueles que foram mencionados acima como os dois aspectos mais relevantes do rito, ou seja, o aspecto ligado ao âmbito social e o aspecto ligado ao âmbito do sentido do mundo. Não por acaso, um dos autores com que se confrontaram alguns expoentes dos estudos cognitivos sobre o rito foi Tambiah. De fato, como se viu anteriormente, esse autor, ao estudar o rito, foca no entrelaçamento

---

76. Cf. TOREN, C., Sign into Symbol, Symbol as Sign. Cognitive Aspects of a Social Process, in: BOYER, P. (org.), *Cognitive Aspects of Religious Symbolism*, 147-164 (principalmente 159-163).
77. Por esse motivo, ritos que não ensinam e não educam parecem ações vazias; cf. GOFFMAN, E.; GRIMES, R. L., *Reading, Writing, and Ritualizing. Ritual in Fictive, Liturgical, and Public Places*, Washington, The Pastoral Press, 1993, 29-30.

entre práxis social e a visão de mundo ou cosmologia. A crítica que, por exemplo, C. Severi dirige a Tambiah diz respeito a esse duplo aspecto do rito[78]. Severi parte da ideia de Wittgenstein, segundo a qual o significado de uma palavra depende principalmente de seu uso em determinados contextos. No caso específico se trata, obviamente, do uso da linguagem no contexto ritual. Essa perspectiva se move na vertente pragmática e, consequentemente, há diversos pontos de contato com a abordagem de tipo performativo seguida por Tambiah, que diz respeito à relação do rito tanto com o aspecto social quanto com o aspecto cognitivo, ou seja, com a cosmologia. É essa última relação que movia as críticas de Severi, o qual admoesta Tambiah de ter superestimado o esquema ou a visão cosmológica em relação à atividade ritual. Ele exemplifica sua crítica trazendo a terapia xamânica utilizada pelos cunas (Panamá). A doença, para os cunas, depende de uma ruptura, no doente, entre a parte visível e a parte invisível, das quais é composto todo ser humano. A parte invisível, precisamente como tal, não pode ser expressa na linguagem cotidiana, assim como não pode ser expressa a relação profunda existente entre a vida humana e a estrutura do mundo, que constitui outro aspecto importante da cultura dos cunas. O rito xamânico desempenha um papel estratégico, pois a linguagem estranha da qual faz uso exibe uma estrutura expressiva que explora integralmente a relação entre os diversos âmbitos da realidade, que normalmente aparecem separados. É desse modo que ele contribui para revelar a verdadeira natureza do homem e do cosmos, além de realizar a cura do doente. À luz desse exemplo, Severi conclui afirmando que "a tradição ritual não pode mais ser considerada

---

78. Cf. SEVERI, C., Talking About Souls. The Pragmatic Construction of Meaning in Cuna Ritual Language, in: BOYER, P., (org.), *Cognitive Aspects of Religious Symbolism*, 165-181.

como uma ilustração de um 'esquema cosmológico' geral. Ela deve, em vez disso, ser analisada como uma série de técnicas que conduzem ao surgimento de representações tradicionais"[79]; a ação ritual não depende de uma visão cosmológica-religiosa precedente, mas é muito mais esta que depende, pelo menos em parte, do rito. Embora a crítica a Tambiah sobre alguns pontos seja discutível, a tese de Severi mantém um interesse notável, já que reconduz as dinâmicas cognitivas de tipo religioso aos processos ergológicos de tipo ritual.

A importância da ação ritual para os significados religiosos está intimamente ligada ao que é sustentado pelas ciências cognitivas mais avançadas, ou seja, à relevância do corpo, das ações e das linguagens nos processos cognitivos. Em relação às ações e às linguagens emerge a relevância de quem a essas recorre. Em outros termos, para a compreensão do rito e de suas capacidades de elaborar uma semântica religiosa, é muito importante a comunidade dos fiéis que participa do rito e, principalmente, as "competências" que a comunidade deve ter nos contextos rituais e religiosos. E. T. Lawson e R. N. McCauley fazem amplo uso da teoria da competência, tentando elaborar uma teoria da competência dos ritos religiosos[80]. A questão das competências foi bem evidenciada por E. T. Lawson, quando, em seu artigo, afirmou que as "representações do pensamento religioso" não são suficientes para compreender as "representações da ação ritual"[81]; isso porque elas

---

79. Ibid., 179-180.
80. Essa tentativa aparece claramente em duas obras: LAWSON, E. T.; MCCAULEY, N. R., *Rethinking Religion. Connecting Cognition and Culture*, Cambridge, University Press, 1990; MCCAULEY, N. R.; LAWSON, E. T., *Bringing Ritual to Minde. Psychological Foudations of Cultural Forms*, Cambridge, Cambridge University Press, 2002.
81. Cf. LAWSON, E. T., Cognitive Categories, Cultural Forms and Ritual Structures, in: BOYER, P. (org.), *Cognitive Aspects of Religious Symbolism*, 194.

implicam duas diferentes "competências": num caso está em jogo a capacidade imediata, frequentemente pré-reflexiva, de utilizar as normas que regulam as ações, entre as quais encontramos os ritos. Em vez disso, no outro caso, estão em jogo as regras do pensamento, inclusive o religioso. Para o primeiro caso, Lawson dá o seguinte exemplo: tomar um gole de vinho de um copo é um caso de ação humana relativamente simples; um padre tomar um gole de vinho de um cálice durante a missa não é um tipo de ação qualitativamente diferente, mas apenas um ato que assume características representativas diferentes, pois está unido a outros atos intimamente correlatos[82]. A especificidade do ato ritual em relação ao uso corriqueiro do beber não está constituída, em primeiro lugar, por seu significado teológico, mas pela sua relação com os outros atos do rito. O que conta, portanto, é a "sintaxe" da ação ritual.

Contudo, diferentemente de Staal, Lawson não se limita à sintaxe. Como aparece nos ensaios compostos junto com McCauley, as características peculiares da sintaxe ritual são capazes de desbloquear um tipo particular de semântica. Segundo Lawson e McCauley, uma análise atenta dos ritos religiosos permite individuar dois fatores fundamentais e incomuns: a) em primeiro lugar, os elementos que normalmente servem como "objetivos", nos ritos, muitas vezes se tornam ativos como os sujeitos, isto é, tornam-se "objetos agentes" (por exemplo, a água benta); b) além disso, em geral os ritos preveem a intervenção de um sujeito particular que pode ser definido como "agente super-humano" (por exemplo, Jesus Cristo)[83]. Esses dois fatores não implicam modelos cognitivos diferentes dos usuais, mas uma modi-

---

82. Cf. ibid., 197.
83. Cf. LAWSON; McCAULEY, *Rethinking Religion. Connecting Cognition and Culture*, 95-113.

ficação do modo usual de pensar e de significar a realidade, dado que põem em jogo "agentes dotados de qualidades contraintuitivas"[84]. A dimensão semântica do rito não diz respeito à elaboração dos significados específicos, mas sim à abertura de um contexto global em que tenham sentido eventos e personagens contraintuitivos. É interessante notar que a mutação dos significados religiosos não mancha a estabilidade das ações rituais[85]. Entre a sintaxe ritual e a semântica religiosa se estabelece uma relação totalmente peculiar (de tipo holístico), dado que, por um lado, o rito realiza competências decisivas para o sentido religioso da vida, mas, por outro lado, permanece bastante independente dos mais específicos significados religiosos, que podem mudar com o transcorrer do tempo.

As competências rituais específicas, e, em particular, sua capacidade de tornar plausível o acolhimento de eventos e personagens contraintuitivos, já permitem intuir a necessidade, perceptível em muitas sociedades, de proteger o rito daquilo que lhe é externo e estranho. O fenômeno, amplamente documentado, do *segredo* ritual sublinha essa proteção. Um esclarecimento da noção de segredo em referência ao rito pode vir do estudo conduzido por M. Houseman sobre a sociedade So, dos Camarões[86]. O que aparece como evidente nessa sociedade é um fenômeno muito difundido entre as comunidades religiosas, isto é, a clara distinção entre iniciado e não iniciado; distinção da qual dependem os papéis e as hierarquias sociais. Nenhum âmbito da vida cotidiana, observa Houseman, é capaz de fornecer o critério discriminante entre iniciado e não iniciado, nem mesmo a simbologia religiosa

---

84. Cf. id, *Bringing Ritual to Mind. Psychological Foundations of Cultural Forms*, 8-35.
85. Cf. ibid., 9.
86. Cf. HOUSEMAN, M., The Interactive Basis of Ritual Effectiveness in a Male Initiation Rite, in: BOYER, P. (org.), *Cognitive Aspects of Religious Symbolism*, 207-224.

em si. Em vez disso, o papel do rito de iniciação aparece como absolutamente decisivo, principalmente em seu caráter de "secreto".

Houseman observa que, diante do segredo, há três diferentes pontos de vista com três diferentes graus de consciência desse segredo: o ponto de vista dos não iniciados, o dos candidatos ou iniciantes e o dos iniciadores. Durante o processo ritual, os três grupos vivem uma passagem que é diferente para cada um: a) os não iniciados passam de uma total inconsciência da existência de algum segredo à consciência de que no rito se estão revelando segredos; b) os candidatos ou iniciantes passam da consciência da existência de segredos à revelação de seus conteúdos (que permanecem inacessíveis para os não iniciados); c) os iniciadores, que já conhecem os conteúdos secretos, entram num contato mais íntimo com as forças divinas que agem no rito[87]. Essa dinâmica complexa do processo iniciático não se realiza nos componentes individualmente, mas no rito tomado integralmente. Todo o rito, de fato, permite a interação entre os diferentes pontos de vista. Permite, isto é, o jogo entre o conhecido e o não conhecido, que suscita nos não iniciados, nos candidatos e nos iniciadores o sentido do não totalmente possuído e conhecido; nenhum ponto de vista é exaustivo, dado que também os iniciadores vivem uma passagem que se vale do confronto com outros grupos. O jogo variado do segredo abre-se àquilo que é "outro" em relação a cada ponto de vista individual, abre-se para a "transcendência". Pode-se, portanto, afirmar que a estratégia do segredo constitui a performatividade religiosa do rito. Houseman insiste no fato de que não é o simbolismo religioso, em primeiro lugar, a garantir essa performatividade do rito, mas sim as características formais do próprio rito[88], ou seja, o jogo entre ação e segredo. O aspecto decisivo

---

87. Cf. ibid., 216-221.
88. Cf. ibid., 222.

é dado pelo fato de que, na origem de tudo, há um modo de gerenciar as ações; um modo totalmente incomum, fundamentado em mostrar e esconder conforme uma diferente gradualidade. Como Houseman reafirma em outra intervenção sua, em colaboração com Severi, o rito, antes ainda que pelos significados implicados, vale pelo seu modo de gerenciar a ação, e mais precisamente por aquele modo de gerenciar a ação que introduz num particular tipo de interação, caracterizado pela "*condensation des contraires*"[89]; é justamente nessa particularidade que se abre também uma perspectiva de sentido.

A abordagem cognitiva ao rito se move frequentemente no ponto de cruzamento entre ação, linguagem e comunicação. Isso permite uma confrontação com os estudos voltados a valorizar a natureza performativa dos rituais, que implicam o entrelaçamento entre ação e linguagem, como já se viu em autores como Lawson, McCauley, Houseman, Severi, sendo também perceptível em outros[90]. No âmbito da abordagem cognitiva, porém, a atenção se dirige principalmente para a relação entre rito e as capacidades daquilo que é resumido com o termo "mente". O aspecto que aparece com cada vez mais evidência, e que merece uma atenção particular, é a ligação entre a mente e o corpo.

---

89. HOUSEMAN, M.; SEVERI, C., *Naven ou Le Donner à voir. Essai d'interpretation de l'action rituelle*, Paris, CNRS/La Maison des Sciences de l'Homme, 1994, 197.
90. Considere-se, por exemplo, C. Humphrey e J. Laidlaw, que entendem o rito como um sistema de comunicação em que é decisivo o cruzamento entre ação e linguagem. Eles, mesmo partindo do estudo de um ritual específico, entendem propor uma teoria de ação ritual. Falar de ação ritual é mais pertinente do que nunca, dado que a perspectiva deles parte da convicção de que o rito deve ser entendido, antes de tudo, como ação; a linguagem, portanto, deve ser entendida fundamentalmente como ato linguístico; cf. HUMPHREY, C.; LAIDLAW, J., *The Archetypal Actions of Ritual. A Theory of Ritual Illustrated by the Jain Rite of Worship*, Oxford, Clarendon Press, 1994, 2. Ver também LAIDLAW, J.; HUMPHREY, C., Action, in: KREINATH; SNOEK; STAUSBERG (orgs.), *Theorizing rituals. Classical topics, Theoretical Approaches, Analytical Concepts*, 265-283.

Os estudos clássicos de antropologia do rito já tinham colocado em evidência a centralidade do corpo, mas é surpreendente que as ciências cognitivas – ou seja, as ciências da mente, tanto em seu desenvolvimento geral quanto na referência que elas fazem ao rito – sublinhem a mesma centralidade. Isso implica que, dentro dos contextos religiosos, o rito faz uma referência ao sagrado que é interna ao corpo. Os desenvolvimentos mais especificamente neurocientíficos das ciências cognitivas confirmam essa tese.

3.5 As dinâmicas neurobiológicas do rito

Um aporte relevante foi dado pelos âmbitos das ciências cognitivas, que se valeram dos resultados mais recentes da neuropsicologia. Embora a pesquisa psiquiátrica tenha entendido alguns fenômenos religiosos, como o transe e a possessão, em termos de desordem dissociativa[91], vale a pena avaliar mais atentamente essa tese relativamente reducionista. Isso poderá ser feito analisando as bases neurais dos fenômenos religiosos e rituais. É necessário observar que o estudo do rito poderá dizer respeito a um fenômeno que se encontra na encruzilhada entre linguagem e cérebro. É o que emerge das pesquisas de T. W. Deacon, ou seja, de um estudioso que se vale da biossemiótica, da memética e do construtivismo (neural)[92]. A intenção primária é a de individuar a origem da linguagem entendida como capacidade simbólica (representar as coisas com as palavras); em contraposição a Chomsky e à visão exageradamente inata das capacidades linguísticas

---

91. Cf. SURYANI, L. K.; JENSEN, G. D., *Trance and Possession in Bali. A Window on Western Multiple Personality, Possession Disorder, and Suicide*, Oxford, Oxford University Press, 1995.
92. Cf. DEACON, T. W., *La specie simbolica. Coevoluzione di linguaggio e cervello*, Roma, Giovanni Fioriti, 2001.

(verbais), Deacon faz observar que não se deve limitar a observação dos indivíduos e, particularmente, ao modo veloz com que as crianças aprendem a língua-mãe, mas sim ter presente a longa evolução biológica na qual o cérebro foi estimulado a assumir e transmitir determinadas capacidades das reações dos sujeitos. Conjugando a evolução biológica com a cultural, é possível se dar conta dos desenvolvimentos linguísticos do ser humano e de suas capacidades mentais. Com uma livre referência ao texto bíblico sobre a encarnação da palavra (Jo 1,14), Deacon tende a sublinhar sua tese, isto é, que o uso das palavras contribuiu notavelmente para aquele milagre da evolução que é o cérebro humano. Ele escreve que

> o que torna esse órgão algo extraordinário não é simplesmente o fato de um computador de carne e osso produzir um fenômeno notável como a mente humana. O extraordinário é que as mudanças responsáveis por milagre no cérebro foram uma direta consequência do uso das palavras. E não o digo apenas num sentido metafórico. De fato, eu sustentarei que as principais inovações instrumentais e funcionais que tornam o cérebro humano capaz de proezas mentais sem precedentes evoluíram como resposta ao uso de algo abstrato e virtual: o poder das palavras[93].

As capacidades mentais do ser humano são o resultado de uma "rede coevolutiva"[94], que implica o cruzamento entre linguagem (uso das palavras) e o cérebro (estrutura neurobiológica).

O aspecto que aqui nos interessa assinalar é que o desenvolvimento da linguagem está intimamente ligado à capacidade de reconhecer uma relação simbólica entre os sinais e os objetos; para esse

---

93. Ibid., 309.
94. Cf. ibid., 336ss.

reconhecimento é indispensável o rito, ou seja, a repetição de ações que aproximam sinais e sujeitos num processo que se abre para níveis cada vez mais complexos e abstratos.

> Os hominídeos primitivos tiveram que aprender um conjunto de associações entre sinais e objetos, repeti-las continuamente, e, com o tempo, desaprender a associação concreta em favor de uma mais abstrata. O processo teve que ser mantido até que não se descobrisse o sistema completo das relações combinatórias entre símbolos. O que de comparável poderia ter alimentado essas exigências nas primeiras culturas onde nasceram os símbolos? A resposta é, numa palavra, o ritual. Nas sociedades humanas modernas, com efeito, o ritual é ainda um componente central da "cultura" simbólica[95].

Os símbolos aproximam sinais e objetos, permitindo superar os níveis físicos da realidade (a materialidade dos objetos), para se abrir aos níveis superiores (a simbolicidade dos objetos); mas dado que os símbolos obtêm êxito nessa operação porque são repetidos em ações rituais, pode-se dizer que as atividades rituais abrem-se para "'o significado superior' daquilo que, de outra forma, é terreno"[96]. O rito é, portanto, fundamental para a capacidade simbólica que está na base do uso da palavra. E, embora a crescente habilidade no uso das palavras permita uma construção cultural sem os suportes físicos típicos dos rituais, estes conservam um papel de relevância na aquisição das linguagens e influem muitas vezes no conteúdo da comunicação[97].

A relevância do comportamento ritual para os desenvolvimentos cerebrais da linguagem leva a considerar também a esfera religiosa,

---

95. Ibid., 388
96. Ibid., 389.
97. Cf. ibid., 393.

que, por um lado, vale-se amplamente dos ritos e, por outro, recorre aos mitos, isto é, à linguagem com a qual se narram os eventos sagrados que estão na base da vida de uma comunidade ou de um povo. Se, com Deacon, foi possível sublinhar a relevância biológica e neurobiológica do rito, com W. Burkert, já citado pela sua teoria do sacrifício, houve o aprofundamento das bases biológicas e neurobiológicas da religião. Burkert parte da observação de que o aparecimento da espécie humana levantou um problema inédito na longa evolução da vida: o problema de conjugar a biologia com a cultura. Uma primeira solução, por assim dizer, veio da linguagem que conjuga o sistema anatômico-fonético (esfera biológica) com o sistema semântico-comunicativo (esfera cultural), fornecendo uma notável vantagem aos grupos humanos que o adotam[98].

> Pode-se conjecturar que, paralelamente à linguagem, também a religião, como meio eficaz de comunicação de máxima importância, tenha surgido em determinada fase da pré-história como ato competitivo, como modo de obter uma vantagem sobre aqueles que não tomavam parte disso. É provável que a religião seja mais antiga do que o tipo de linguagem que conhecemos, na medida em que ela está ligada ao ritual, o que implica esquemas comportamentais fixos[99]

que espelham uma fase pré-verbal da comunicação.

A hipótese emergente, ainda se muito longe de ser irrefutável, é que a religião "poderia fornecer um paradigma para a 'coevolução de genes e cultura'"[100]. Um dos problemas fundamentais da vida é o de

---

98. Cf. BURKERT, W., *La creazione del sacro. Orme biologiche nell'esperienza religiosa*, Milano, Adelphi, 2003, 37-38.
99. Ibid., 38.
100. Ibid., 39; cf. 42.

organizar múltiplos elementos de modo a garantir a coesão interna de um organismo e de salvaguardar o mesmo organismo da desagregação. No âmbito da cultura se coloca um problema similar. As sociedades humanas são capazes de adquirir variadas informações (graças à atividade mental); essas aquisições, com o passar do tempo, tornam-se tão numerosas que correm o risco de desorientar e desagregar os grupos humanos. Torna-se então necessário simplificar, ou seja, escolher e transmitir às gerações sucessivas apenas uma parte dessas aquisições. A religião funcionaria nesse sentido, decidindo sobre quais são os conteúdos fundamentais que, em sua essencialidade, devem permanecer para orientar a vida de uma sociedade. Em tudo isso, o rito desempenha um papel importante[101]. Como se vê, a referência aos conteúdos mentais (às informações) não é em razão do puro e simples crescimento noético, mas sim em função da exigência vital, realizada religiosamente, de manter a coesão e a orientação. O dispositivo cognitivo não se identifica com o acúmulo de informações e conhecimento, mas com o equilíbrio entre o conhecimento e a vida, entre nível noético e nível biológico. E porque os ritos religiosos contribuem para esse equilíbrio, é possível dizer que eles possuem uma profunda valência cognitiva. Isso leva a outro esclarecimento, feito a partir do rito. Quando se diz que o rito tem efeitos cognitivos, não se quer dizer que ele aumenta os conhecimentos, mas que favorece o equilíbrio dinâmico entre informação e vivência, o qual está na base da evolução biológica.

Já à luz dessas observações, pode-se afirmar, com Burkert, que "na autointerpretação da maior parte das religiões, por quão diversas estas sejam sob outros aspectos, ressoa com voz potente o desejo pela vida"[102]. Em outros termos, "o impulso da sobrevivência biológica apa-

---

101. Cf. ibid., 43-49.
102. Ibid., 53.

rece interiorizado nos códigos da religião"¹⁰³, como transparece também de uma pesquisa mais detalhada, em que trabalhou Burkert. Considere-se, por exemplo, a dinâmica *pars pro toto*: os organismos vivos adotam um comportamento muito difundido, segundo o qual, para salvar o conjunto (do organismo individual ou do grupo), sacrificam uma parte (uma parte do corpo ou um indivíduo no grupo); os ritos sacrificais, que são os mais difundidos entre as religiões, agem de modo similar, pois destroem uma parte do rebanho ou da colheita, ou ainda algo de outro tipo, para oferecê-lo à divindade e salvaguardar, assim, toda a comunidade e seus bens (quiçá até mesmo todo o cosmos)¹⁰⁴. Considere-se também a semelhança entre as sequências de ações que marcam os comportamentos complexos de muitos animais, quando se encontram diante de necessidades biológicas ou de perigos, e as sequências narrativas de muitos relatos míticos e fabulosos que implicam a sequência: situação inicial, perigo, viagem, prova, riscos, triunfo final¹⁰⁵. Se o mito apresenta essas semelhanças com os comportamentos de defesa dos organismos vivos, ainda maior aparecerá essa semelhança no caso dos ritos; segundo Burkert, diante de um perigo e a ânsia que ele produz, um programa biológico é ativado, que no ser humano toma a forma de um esquema ritual¹⁰⁶.

Na base está a centralidade do corpo, quer como fenômeno biológico, quer como estratégia ritual. Escreve claramente Burkert: "O nexo entre mundo mental e ambiente natural é o corpo"¹⁰⁷. Mais precisamente, os ritos são estratégias religiosas para enfrentar e vencer a ânsia por meio de esquemas biológicos de ações, reações e sentimen-

---

103. Ibid., 54
104. Cf. ibid., 55-79.
105. Burkert recorre às funções narrativas elaboradas por V. Propp; cf. ibid., 81-107.
106. Cf. ibid., 63.
107. Ibid., 209.

tos[108]. Esse esclarecimento é de importância primária. O controle ritual do corpo não consiste numa imposição sobre as atividades somáticas a partir de alguma concepção abstrata, mas sim em assumir as dinâmicas biológicas que estão na base das funções fisiológicas e comportamentais do organismo; não se trata, portanto, de um domínio, mas de uma configuração comportamental que se coloca no âmbito do processo biológico de adaptação e do desenvolvimento cultural-religioso que se insere nesse processo. O ponto crucial é representado pelo jogo entre rito e corpo[109]; jogo esse que se torna o lugar primário das pegadas biológicas do sagrado.

O cruzamento entre o rito religioso e os processos biológicos tem emergido mais vezes e tende a ter cada vez mais espaço, sobretudo em referência às funções cerebrais. Não podemos esquecer que o cérebro é uma entidade biológica cujo funcionamento está ligado às crenças e aos comportamentos, dentre os quais possuem uma relevância particular as crenças religiosas e as ações rituais. Não surpreende, portanto, que alguns estudiosos tenham se esforçado em indagar sobre o que ocorre em nível neural durante uma experiência religiosa e uma práxis ritual. A. Newberg e D'Aquili, por exemplo, examinaram um grupo de budistas e um grupo de franciscanos em seus momentos de meditação e oração, observando as modificações da atividade neural. A zona cerebral mais comprometida durante a oração é a que preside o nosso sentido de orientação. Para compreender a conclusão a que chegaram Newberg e D'Aquili, é necessário levar em consideração que o pressuposto da orientação é a capacidade de o organismo distinguir

---

108. Cf. ibid., 221.
109. Uma modalidade típica desse jogo pode ser encontrada nas sepulturas pré-históricas; cf. STUTZ, L. N., *Embodied Rituals & Ritualized Bodies. Tracing Ritual Practices in Late Mesolithic Burials*, Lund, Wallin & Dahlhom Boktryckeri AB, 2003.

a si próprio do ambiente circunstante: um pressuposto que está na base da nossa capacidade de nos percebermos limitados, finitos, justamente porque delimitados em relação ao resto do mundo. A partir dos exames feitos pelos dois pesquisadores sobre os budistas e os franciscanos, resultou que, durante os momentos mais intensos de meditação e de oração, a zona cerebral da orientação sofre uma forte redução no âmbito de suas atividades. A consequência é o desaparecimento dos limites, isto é, da distinção entre si mesmo e o resto da realidade.

> O que teria pensado então o cérebro? Não encontrando os limites entre o si mesmo e o mundo externo, a área de orientação poderia considerá-los inexistentes; nesse caso, o cérebro não teria conseguido fazer outra coisa senão perceber a si mesmo como algo de infinito e provavelmente conectado com todas as coisas captadas pela mente, e considerar essa percepção total e indiscutivelmente real[110].

É interessante notar que essa conclusão coincide com o que os religiosos afirmam quando tentam descrever aquilo que experimentaram durante a meditação e a oração. Não obstante as diferenças culturais e religiosas, os budistas e os franciscanos (assim como muitos outros homens e mulheres religiosos) afirmam ter experimentado um maravilhoso sentido de pertença a uma realidade maior, infinita (a totalidade, Deus).

À luz dessas e de muitas outras pesquisas sobre a relação entre as funções encefálicas e as práticas religiosas, Newberg e D'Aquili desenham uma "biologia da fé" que dá razão, a partir de uma base neurocientífica, à predisposição do cérebro humano para a experiência

---

110. NEWBERG, A.; D'AQUILI, E.; RAUSE, V., *Dio nel cervello. La prova biologica della fede*, Milano, Mondadori, 2002, 16.

espiritual de uma realidade transcendente[111]. Essa predisposição não significa que a realidade transcendente seja uma invenção do cérebro, dado que então ocorreria duvidar de tudo; com efeito, a percepção de qualquer realidade externa (a planta, a mesa ou outra coisa) depende sempre das capacidades mentais do cérebro, mas isso não implica que se deva negar a existência dessa realidade[112]. Apoiados por essa consideração, Newberg e D'Aquili se empenham no estudo das bases neurobiológicas dos fenômenos religiosos universalmente difusos, ou seja, dos mitos e dos ritos, assim como de suas relações recíprocas. Particularmente interessante é esse último aspecto. O fato de que as sociedades humanas não se limitam a elaborar relatos míticos, mas recorrem também a comportamento rituais, é neurobiologicamente ligado ao fato de que é necessário "pôr em ação os mitos", caso se queira que o conteúdo do relato religioso (portanto, do mito) se torne uma verdadeira e própria experiência emotivamente envolvente: o rito, ao agir sobre o mito, responde ao modo de funcionamento do cérebro, que conjuga o cognitivo (o relato mítico) com o emotivo e o ativo (o comportamento ritual)[113]. Essa perspectiva alivia também o misticismo da fácil acusação de ser sempre e invariavelmente o fruto de uma situação patológica: ele possuiria uma base filogenética (normal), provavelmente ligada aos efeitos colaterais da experiência sexual[114].

A tese que emerge é evidente: "É muito provável que a seleção natural favoreça um cérebro dotado de mecanismos neurais necessários para o comportamento religioso"[115], e isso em razão de amplas vantagens para a sobrevivência que esse comportamento garante: esse

---

111. Cf. ibid., 17-19.
112. Cf. ibid., 43-45
113. Cf. ibid., 95-101.
114. Cf. ibid., 125-128.
115. Ibid., 141.

comportamento, de fato, favorece o sentido de segurança e a coesão social. Isso não permite nem afirmar nem negar a realidade transcendente (absoluta) de que falam as religiões. Newberg e D'Aquili, contudo, fazem outra série de considerações que depõe a favor das religiões e de suas crenças. Aqueles que negam essas crenças e, particularmente, a existência de uma realidade transcendente, absoluta, o fazem principalmente em função do fato de essa realidade não ser objetivamente verificável. A objeção se rege sobre o pressuposto de que toda realidade pode ser distinta entre externa e interna, objetiva e subjetiva. Algo surpreendente, contudo, é que essa distinção pressupõe a separação entre o eu (o subjetivo) e a realidade externa ao eu, isto é, o não eu (o objetivo), que é uma característica da evolução biológica do cérebro, ou seja, uma operação mental elaborada pelos neurônios. Dado esse contexto, deve-se perguntar sobre qual deve ser a realidade real, e se esta não é justamente aquela em que o eu e o não eu confluem de modo unitário, antes e além (transcendência) da distinção operada pelo cérebro[116].

A relação entre funções cerebrais e ritos religiosos, como aparece nas páginas anteriores, move-se num trilho duplo: de um lado, aumentam as pesquisas que se dedicam aos possíveis paralelismos entre observação neural e experiência de fé, e, de outro, tenta-se verificar os influxos recíprocos entre cérebro e religião. Os dois tipos de pesquisa estão intimamente conectados, ainda que impliquem diferentes relevâncias. Em relação ao influxo recíproco entre cérebro e rito, não há dúvida de que o sistema nervoso central constitui uma condição imprescindível dos comportamentos religiosos. Em outros termos, o cérebro incide sobre o rito. Contudo, como já se viu, é também verdade que o rito incide no cérebro: considerem-se aqui as pesquisas utilizadas por Rappaport e os estudos de Deacon. As referências podem se

---

116. Cf. ibid., 145-148.

ampliar, mas se deve sublinhar aquilo que constitui cada vez mais uma constante: a relevância do corpo para a elaboração da mente, da consciência e, portanto, da religião. A relação entre rito e corpo aparece já como algo evidente para uma observação antropológica, mas é ainda mais reforçado pelo seu entrelaçar com o cérebro. Esse entrelaçamento, de fato, pode ocorrer apenas se houver uma mediação somática, no sentido de que: a) o cérebro elabora as suas capacidades mentais graças à sua relação com todo o organismo, ou seja, com o corpo; b) o rito abre para o sagrado gerenciando as diferentes dimensões e as diferentes linguagens do corpo; c) a relação entre cérebro e rito ocorre naquela realidade muito complexa que, em uma palavra, chamamos de "corpo".

Capítulo 4
As condições fundamentais do rito religioso

O estudo do rito, porquanto esteja marcado por uma variedade de âmbitos e de perspectivas, permite, em todo caso, assinalar algumas condições que o tornam possível e sem as quais ele não poderia existir. Há estudos que se dedicaram ao fracasso do rito, onde por fracasso é designada principalmente uma *performance* incorreta[1]. Mas um rito pode fracassar em sua intenção performativa? Ou se deveria dizer, nesse caso, que não de poderia mais falar de rito? Obviamente se trata de estabelecer os critérios com base nos quais se possa exprimir algum juízo sobre o rito. Há perspectivas mais objetivas que se baseiam sobre aquilo que parece se esperar de um rito, e perspectivas mais subjetivas que registram as dificuldades pessoais. Não é fácil desembaraçar o conjunto de fios que se entrelaçam nos problemas já mencionados, principalmente caso se dirija a atenção para os ritos religiosos. É possível, no entanto, assinalar algumas condições de base sem as quais parece difícil poder falar

---

1. HÜSKEN, U. (org.), *When Rituals Go Wrong. Mistakes, Failure, and the Dynamics of Ritual*, Leiden/Boston, Brill, 2007.

de rito e de um sagrado mediado pelo rito. As condições fundamentais, que se podem encontrar a partir de uma abordagem fenomenológica capaz de acolher as indicações provenientes de diferentes pistas de pesquisa, estão constituídas pela confluência da intencionalidade religiosa com as dinâmicas do corpo, entendido em sua complexidade.

4.1 A fenomenologia religiosa do rito

As diversas perspectivas dos estudos sobre o rito ampliaram notavelmente os horizontes a ponto de suscitar interesses do tipo filosófico. De fato, é possível indagar sobre o rito a partir de uma perspectiva filosófica[2]. O pressuposto desse tipo de pesquisa é que o rito desempenha um papel relevante no processo de conhecimento. Como já se pôde ver anteriormente, as ciências cognitivas já trabalharam com esse problema, mas do ponto de vista das condições neuropsíquicas do conhecimento e de sua relação com os comportamentos rituais. A abordagem filosófica, embora se valendo dos resultados dessas pesquisas, está interessada no confronto com as grandes teorias gnosiológicas do passado. A tradição ocidental insistiu sobre dois modelos de fundo, um racionalista e outro empirista, que mesmo na inevitável encruzilhada entre razão e percepção tendem a acentuar ora mais a primeira, ora mais a segunda. Em tempos mais recentes foi se desenvolvendo a consciência de um terceiro modelo, de tipo pragmático, que põe em primeiro lugar a ação[3]. O conhecimento depende da ação, e, de modo

---

2. Como é a intenção dos autores que colaboraram com SCHILBRACK, K. (org.), *Thinking Through Rituals. Philosophical Perspectives*, New York/London, Routledge, 2004.
3. Cf. SCHILBRACK, K., Introduction. On the Use of Philosophy in the Study of Rituals, in: id., *Thinking Through Rituals. Philosophical Perspectives*, 3; RAPOSA, M. L., Ritual Inquiry. The Pragmatic Logic of Religious Practive, in: ibid., 113-127.

particular, da ação ritual, não apenas no sentido de que alguns conteúdos noéticos dependem dos comportamentos, mas também no sentido de que a ação possui uma valência epistemológica, isto é, incide sobre as estruturas originárias do conhecimento. Um aporte nessa direção pode ser dado por diversas linhas de pensamento, entre as quais é cada vez mais relevante a feminista, que se desenvolve na confluência da filosofia e das ciências cognitivas[4]. A tese que emerge, embora problemática, é a de que, se a ação é importante para o conhecimento, a ação ritual também é importante para o conhecimento. Os elementos em jogo são muitos e é necessária muita atenção ao compô-los.

Um ponto bastante compartilhado parece ser o fato de que é difícil falar do rito como um objeto definível e que, em vez disso, seja oportuno assimilar o rito a processos comportamentais e mentais em vias de desenvolvimento e de variação. Não obstante isso, não se pode ignorar a questão das condições que devem ser respeitadas para que se possa falar de "rito". E, embora seja muito improvável definir a natureza do rito, pode-se em todo caso proceder rumo ao um estudo que tente avaliar o rito segundo suas razões mais intrínsecas[5]. Além da sua localização cultural e de suas implicações semânticas, bem como de seus percursos psicológicos e cognitivos, como se apresenta o rito? Esta pergunta é de tipo fenomenológico, dado que tenta indagar o rito enquanto fenômeno específico e irredutível. Ainda que um rito nunca

---

4. Cf. HOLLYWOOD, A., Pratice, Belief, and Feminist Philosophy of Religion, in: SCHILBRACK (org.), *Thinking Through Rituals. Philosophical Perspectives*, 52-70. Uma questão central e que deve ser enfrentada antes de tudo como fenômeno cultural é a do gênero; cf. MORRIS, R. C., Gender, in: KREINATH; SNOEK; STAUSBERG, (org.), *Theorizing Rituals. Classical Topics, Theoretical Approaches, Analytical Concepts*, 361-378.
5. Entre outras coisas, é o que se propõe o trabalho em colaboração de HANDELMAN, D.; LIDQUEST, G. (org.), *Ritual in Its Own Right. Exploring the Dynamics of Transformation*, New York/Oxford, Berghahn Books, 2005.

seja independente dos variados contextos em que é possível rastreá-lo, ele representa, por sua vez, um contexto dotado de identidade própria. Uma atenção desse tipo permite abrir as portas a considerações de velhos tempos, que podem ser retomadas com esclarecimentos novos e mais atualizados. Pode-se assim exumar novamente a dimensão lúdica do rito e recorrer à interpretação do rito como "realidade emergente". A realidade possui diferentes níveis de complexidade (física, orgânica, psíquica, social) e, embora todos os níveis sejam da mesma natureza, aqueles mais complexos são "emergenciais" em relação àqueles mais simples, isto é, não são totalmente reconduzíveis aos mais simples, dos quais emergem. O jogo implica não apenas as dinâmicas perceptíveis nos comportamentos mais usuais, mas também as características (complexas) que o tornam mais rico e irredutível aos comportamentos usuais (ou pré-lúdicos). O rito seria um fenômeno de tipo lúdico que, por assim dizer, implica a passagem do domínio do "como é" à possibilidade do "como se"[6]. O rito se coloca no horizonte do *homo ludens*, porque é o emergir de uma realidade alternativa, e, justamente por isso, um jogo muito sério, dado que permite sair dos gargalos de uma realidade demasiadamente achatada para uma visão redutiva monodimensional.

Nessas reflexões estão presentes componentes relevantes para uma abordagem do rito ao sagrado, se este implica, no mínimo, a abertura aos mundos possíveis, alternativos ao mundo da vida cotidiana. A questão do sagrado, contudo, diz respeito principalmente à atitude do fiel, ou seja, à intencionalidade de tipo religioso que a fenomenologia recolhe do testemunho dos sujeitos que possuem uma crença.

---

6. Cf. DROOGERS, A., Enjoying an Emerging Alternative World. Ritual in Its Own Ludic Right, in: HANDELMAN; LINDQUIST (org.), *Ritual in Its Own Right. Exploring the Dynamics of Transformation*, 138-154.

Portanto, não se pode descuidar da fenomenologia da religião ligada aos nomes de R. Otto, G. Van der Leeuw e M. Eliade. Nesses autores o rito é referido principalmente como ação simbólica capaz de captar a experiência religiosa. Na base disso está a distinção entre sagrado e profano. Uma distinção que pode ser entendida em sentido opositivo, mas também segundo uma modalidade similar à de tipo lúdico, isto é, como abertura a mundos alternativos. Em Eliade, o sagrado coincide com as origens, as quais o rito permite voltar[7] justamente porque cria uma separação em relação ao profano. Contudo, pensando melhor, a origem pode ser lida também como excrescência desta vida (profano) sobre aquilo que se constitui como uma alternativa de algum modo salvífica, ou seja, capaz de manter a vida (sagrado). O mito desempenha inequivocamente um papel relevante, dado que é a expressão mais explícita da intencionalidade religiosa, mas o rito desempenha o papel de atualização que é central num contexto como o religioso, no qual a representação do sagrado não é a principal preocupação, mas sim sua presença na vida de um povo. Isso implica que, também numa perspectiva fenomenológico-religiosa, o sagrado não é apenas um mundo rastreado a partir do mito, mas também, e principalmente, uma abertura realizada pelo rito.

A questão é complexa, mas no aspecto voltado ao rito, a abordagem fenomenológica parece poder entrar em maior sintonia com as pesquisas mais avançadas e, em particular, com aquelas ligadas às ciências cognitivas, nas quais o que aparece para a consciência (paralelo ao mito) se baseia sobre aquilo que é realizado pela ação e, mais genericamente, pelo corpo (paralelo ao rito). Tudo isso, obviamente,

---

7. Cf. ELIADE, M., *Il mito dell'eterno ritorno (Archetipi e ripetizione)*, Torino, Borla, 1968, 75; ibid., *La creatività dello spirito. Un'introduzione alle religioni australiane*, Milano, Jaca Book, 1979, 18.

exige que se esclareça sobre qual fenomenologia se faz referência. Se, no centro da crença religiosa, está a ação ritual, então a intencionalidade, tão central para a fenomenologia, não deve estar ligada à mente, mas ao corpo, com a consequência de que é necessário passar da fenomenologia do *cogito* para a fenomenologia da percepção (com evidente referência principalmente à linha desenvolvida por M. Merleau-Ponty). Para dizer de maneira ainda mais clara: a centralidade do rito implica uma fenomenologia religiosa da percepção, ou seja, uma fenomenologia da percepção religiosa que dê razão ao rito como intencionalidade que diz respeito não a uma mente isolada, mas sim a uma mente incorporada.

O corpo, portanto, representa uma condição fundamental tanto do rito em geral quanto do rito religioso em particular. Em termos muito sintéticos se poderia afirmar que o rito é a auto-organização do corpo, com que o corpo elabora (também) a intencionalidade religiosa. A essa perspectiva, decididamente contrária a uma concepção dualista, está contraposta toda uma tradição filosófica, antropológica e teológica que, pelo contrário, havia se movimentado na direção do dualismo mais ou menos explícito. Esse problema, enquanto tal, deve ser retomado e esclarecido.

4.2 A fenomenologia do corpo e o rito

O rito é uma práxis que não está apenas ligada a um amplo leque de entrelaçamentos e construções que são impensáveis sem uma constante referência ao corpo[8], mas também a um contexto em que, sempre graças ao liame com o corpo, envolve uma variedade de com-

---

8. Cf. WULF, C., Praxis, in: KREINATH; SNOEK; STAUSBERG (org.), *Theorizing Rituals. Classical Topics, Theoretical Approaches, Analytical Concepts*, 397-402.

portamentos da experiência humana decididamente ligados ao mundo físico. Tudo isso foi deixado de lado por tanta literatura antropológica e teológica que havia trabalhado com os ritos religiosos e, em particular, com a liturgia cristã. O liame entre corpo e rito é evidente, mas, dado que o rito foi frequentemente ligado à religião, e esta foi compreendida numa perspectiva doutrinária em que tinham a primazia mente, alma, interioridade, o rito foi deixado de lado ou foi reduzido a um instrumento das doutrinas e das devoções. Na base disso está em grande medida a reflexão filosófica e teológica, que, tendo adotado um modelo dualista caracterizado pelo domínio da alma/mente, submeteu o corpo à suspeição e à desvalorização, não obstante essa desvalorização entrasse em rota de colisão com outros aspectos fundamentais da vida humana e religiosa[9]. Em relação a essa atitude, o caso do rito é verdadeiramente emblemático. Como foi sublinhado de maneira documentada, e como emergiu mais vezes nestas páginas, o amplo leque dos estudos sobre o rito mostra, em primeiro lugar, como nele estão presentes as principais dimensões humanas, biológicas e culturais, psíquicas e sociais, ativas e emotivas, linguísticas e cognitivas, comunicativas e políticas, éticas e religiosas[10]. Se essa riqueza torna mais difícil chegar a uma definição de rito[11], o que ainda permanece incontestável é a relevância de que nele há a corporeidade e, portanto, a presença de um modelo que não pode se circunscrever a um dualismo banal. A questão em jogo diz respeito à tensão entre dualismo e monismo.

---

9. Para essa questão, ver Bonaccorso, G., *Il corpo di Dio. Vita e senso della vita*, Assisi (PG), Cittadella, 2006.
10. Muitas delas foram retomadas por Bell, C., *Ritual Theory, Ritual Practice*, Oxford, Oxford University Press, 1992.
11. Com a consequência de que possa ser posto em dúvida se o ritual é uma categoria específica do comportamento humano, cf. Bell, C., *Ritual. Perspectives and Dimensions*, New York, Oxford University Press, 1997, IX.

Um dualismo que contrapõe corpo e mente resulta sempre menos aceitável à luz das reflexões filosóficas e das pesquisas científicas mais atualizadas. A esse propósito é emblemático o título de um ensaio que pertence ao âmbito da neurofenomenologia: *How the Body Shapes the Mind*[12]. O corpo forma a mente, ou seja, a mente está no corpo. E dado que a mente (o cérebro) possui um mapa completo do corpo, pode-se também dizer que o corpo está na mente. Por caminhos diversos, parece evidente a estreita relação corpo/mente, não no sentido de reduzir tudo a um conjunto de componentes físicos, mas sim no de acolher a unidade profunda da realidade a que pertencem também o ser humano e suas capacidades cognitivas e criativas. Trata-se de se chegar a uma posição que abandone o dualismo sem cair no reducionismo. Nisso, que poderemos chamar de "monismo não reducionista", poderá entrar também o modo mais correto de entender o rito e sua relação com o corpo. E assim, seguindo uma perspectiva construcionista, é lícito perguntar-se, juntamente com C. Bell: "*How ritual shapes the body*", isto é, como as práticas sociais ligadas aos rituais contribuem para construir o corpo pessoal. Ao mesmo tempo, pode-se também perguntar: "*How the shapes ritual*", ou seja, como os rituais são expressões da linguagem do corpo[13].

O contexto dentro do qual se colocam essas novas tendências é aquele que se poderia chamar de "a lógica natural do rito", ou seja, uma lógica incorporada no movimento físico do corpo[14]. E, de fato, as oposições tipicamente corpóreas (direita/esquerda, frente/atrás, masculino/feminino...) representam esquemas operativos de base, que o

---

12. Cf. GALLAGHER, S., *How the Body Shapes the Mind*, Oxford, Clarendon Press, 2005.
13. Cf. BELL, C., Embodiment, in: KREINATH; SNOEK; STAUSBERG (org.), *Theorizing Rituals. Classical Topics, Theoretical Approaches, Analytical Concepts*, 538.
14. BELL, C., *Ritual Theory, Ritual Practice*, 99.

rito assume e tende a reorganizar[15]. Com esse ordenamento, o rito não resolve as oposições, mas as reelabora em novos sistemas de oposição; há uma "estratégia externa" do rito, baseada na distinção de suas ações das outras, de modo a constituir um contexto específico e, paralelamente, uma "estratégia interna" do rito, isto é, interna em seu contexto específico, constituída pela atitude que gera oposições. Os indivíduos tocam nessa capacidade do rito de reelaborar as oposições apenas conjugando as atitudes do corpo com contextos culturais específicos de pertença[16]; sob esse aspecto, o rito é a encruzilhada de corpo e cultura. Falou-se já longamente da relação entre rito e cultura, mas é evidente que o corpo constitui o termo que dá mais adequadamente razão a essa relação. De fato, os rituais são dispositivos com os quais as populações entrelaçam o corpo individual, ligado a percursos biológicos, com o corpo coletivo, que se identifica com a sociedade e está ligado a percursos culturais: o rito modifica quem nele participa, tornando-o capaz de compartilhar valores e comportamentos do grupo ao qual pertence[17]. Esse cruzamento entre indivíduo e comunidade se torna possível pelo fato de o rito gerenciar o corpo. A isso se deve adicionar que, do ponto de vista da linguagem, o rito não envia mensagens, mas cria situações[18], não porque não possua a dimensão semântica, mas porque liga essa dimensão à pragmática, ou seja, cruza ação e conhecimento. Mas, se os rituais possuem essas características, estão inevitavelmente ligados ao "poder", principalmente em função de sua capacidade de sustentar as crenças religiosas[19]. A relevância pragmática do rito exibe ulteriormente o seu liame com o corpo, dado que é a base

---

15. Cf. ibid., 101-104.
16. Cf. ibid., 107.
17. Cf. ibid., 110.
18. Cf. ibid., 111.
19. Cf. ibid., 182-196.

somática da linguagem ritual que constitui a condição originária para seu poder.

Não obstante tudo isso, como recentemente observou M. A. Vásquez, os preconceitos dualistas pesaram muito sobre o estudo da religião[20], principalmente porque se entendeu o sagrado sob a perspectiva da representação e, portanto, da função mental[21]. Contudo, a atitude dos estudiosos já está mudando notavelmente em favor da relevância religiosa do corpo e da ação. Também Vásquez, ainda que compartilhe a tendência antidualista, percebe o risco de um reducionismo excessivo. Na insistência sobre as bases físicas e biológicas da religião, pode-se correr o risco de reduzi-la a uma visão simplesmente materialista. A tese exposta por Vásquez é a de manter a perspectiva materialista, evitando assim o dualismo, mas subtraindo-se também à tentativa oposta, que é a de frustrar a religião, negando-lhe todo valor em nome de um materialismo fechado. Vásquez propõe então um materialismo não reducionista, que se vale da teoria da complexidade e dos diferentes níveis emergenciais da realidade[22]. Por um lado, a religião deve ser entendida dentro do horizonte do mundo material, físico, somático, sensível, mas, por outro, ela representa um nível específico e irredutível desse mundo.

A intenção é a de evitar o dualismo[23], mas, dado que o termo "materialismo" apresenta muitas ambiguidades, outros autores preferiram falar de fisicalismo não redutivo[24], ao passo que, para mim, parece ser mais correto falar de monismo não reducionista. Para além da

---

20. Cf. VÁSQUEZ, M. A., *More than Belief. A Materialist Theory of Religion*, Oxford, Oxford University Press, 2010, 12.
21. Cf. ibid., 199.
22. Cf. ibid., 4-5.
23. Cf. ibid., 43.
24. Cf. MURPHY, N.; BROWN, W. S., *Did My Neurons Make Me Do It? Philosophical and Neurobiological Perspectives on Moral Responsibility and Free Will*, Oxford, Oxford University Press, 2007, 8.

terminologia, em todo caso resulta interessante a tentativa de Vásquez, principalmente quando ele recorre à fenomenologia da percepção elaborada por M. Merleau-Ponty[25]. Um aspecto importante é dado pelo fato de que a ligação da religião com o corpo é intrínseca à relevância da ação: tudo aquilo que se relaciona ao sagrado não pode ser reduzido à representação, pois diz respeito principalmente à ação (o corpo em ação). Um passo além leva Vásquez a envolver a neurofenomenologia, que com Varela sublinhou o modelo de enação[26]. A religião é um modo da ação que pode ser interceptado neurologicamente e aprofundado recorrendo-se à fenomenologia[27]. O que aqui interessa, contudo, é que a abordagem feita à religião, por meio da primazia do corpo e da ação, leva à centralidade do rito. Em outras palavras, se o sagrado é corpo e ação, então o rito é seu lugar mais indicado.

A relevância do corpo, contudo, não pode se limitar à ação e deve considerar também a esfera emotiva. Abre-se aqui um dos aspectos mais importantes e decisivos dos estudos sobre o rito[28]. Em termos muito sintéticos se poderia logo dizer que as emoções dizem respeito ao rito do começo ao fim, no sentido de que, se de um lado o rito pressupõe as emoções, do outro, produz emoções. Como já foi observado, as emoções não são simplesmente preexistentes, nem apenas o resultado dos ritos, mas também o cruzamento dos dois aspectos[29]: a) em primeiro lugar, as emoções são assumidas pelo rito e no rito sofrem transformações; mais precisamente, as ações rituais tendem, de

---

25. Cf. VÁSQUEZ, M. A., *More than Belief. A Materialist Theory of Religion*, 80-85.111 ss.
26. Cf. ibid., 180-185.
27. Nessa direção se poderia falar de neuroteologia; cf. ibid., 190-193.
28. Para a relação entre rito e emoções, cf. MCCAULEY; LAWSON, *Bringing Ritual to Mind. Psychological Foundations of Cultural Forms*, 89-123; PYYSIÄINEN, *How Religion Works. Towards a New Cognitive Science of Religion*, 77-142.
29. Cf. LÜDDECKENS, D., Emotion, in: KREINATH; SNOEK; STAUSBERG (org.), *Theorizing Rituals. Classical Topics, Theoretical Approaches, Analytical Concepts*, 553.

uma maneira ou de outra, a modificar a relação entre o indivíduo e suas emoções, levando-o, por exemplo, a exercitar certa distância das próprias emoções para criar um espaço de compartilhamento com os outros; a operação não consiste na eliminação das emoções, mas sim na gestão delas, evitando as quedas individualistas e promovendo a interconexão comunitária; b) em segundo lugar, o rito introduz os indivíduos em percursos capazes de ativar neles reações emotivas; em outros termos, o rito não só acolhe as emoções e as gerencia como também tende a criar emoções; tudo isso produz efeitos também na memória e, portanto, nas orientações cognitivas dos participantes dos rituais.

O rito é o corpo aberto para o sagrado por meio da gestão de ações e emoções entrelaçadas entre si. O rito, principalmente, contém também aspectos ligados à representação da realidade, à reflexão sobre a vida, à construção de um sistema de doutrinas. Tudo isso pertence àquilo que normalmente é relacionado à razão, isto é, à capacidade racional de abstração. E assim como a razão elabora a esfera cognitiva a partir da experiência originária que é feita de ações e emoções, também o rito coloca a dimensão racional da teologia dentro da dimensão ergoemotiva da religião. Em outras palavras, para o rito, o aspecto ligado ao conhecimento e que envolve a razão assume relevância à luz do entrelaçamento entre ação e emoção. E, se o equilíbrio dinâmico entre ação, emoção e razão é constitutivo do corpo, a relação homeostática entre ações sagradas, emoções religiosas e razão teológica constitui a condição fundamental do rito. Pode-se, portanto, afirmar que o rito é o corpo aberto para o sagrado por meio da dinâmica simbólica ação-emoção-razão. A referência à simbologia é fundamental, pois evoca a mudança de nível que permite o acesso a mundos possíveis e alternativos, nos quais se coloca o evento religioso. Conjugando o parágrafo precedente com isso, pode-se dizer que o rito é a modalidade com que a humanidade realiza a interconexão entre religião e corpo.

Bibliografia

ANTES, P.; GEERTZ, A. W.; WARNE, R. R. (org.). *New approaches to the study of religion*. II: Textual, comparative, sociological and cognitive approaches. Berlin/New York: Walter De Gruyter, 2008.

BATESON, Gregory. *Naven*: un rituale di travestimento in Nuova Guinea. Torino: Einaudi, 1988. (Microstorie, 14).

BATESON, Gregory; BATESON, Mary Catherine. *Dove gli angeli esitano*: verso un'epistemologia del sacro. Milano: Adelphi, 1989. (Biblioteca Adelphi).

BELL, Catherine. *Ritual theory, ritual practice*. Oxford: Oxford University Press, 1997.

BERTELLI, S.; CENTANNI, M. (org.). *Il gesto nel rito e nel cerimoniale dal mondo antico ad oggi*. Firenze: Ponte alle Grazie, 1995. (Laboratorio di storia, 9).

BERTELLI, S.; CRIFÒ, G. (org.). *Rituale, cerimoniale, etichetta*. Milano: Bompiani, 1985. (Studi Bompiani).

BOYER, Pascal. *Religion explained*: the evolutionary origins of religious thought. New York: Basic Books, 2001.

_____ (org.). Cognitive aspects of religious symbolism. Cambridge: Cambridge University Press, 1993.

BRONKHORST, Johannes. Rites without symbols. *Method & Theory in the Study of Religion*, 24 (2012), 236-466.

BURKERT, Walter. *Homo necans*: antropologia del sacrificio cruento nella Grecia antica. Torino, Boringhieri, 1981. (Società antiche).

CAZENEUVE, Jean. *La sociologia del rito*. Milano: Il Saggiatore, 1974. (I Gabbiani, 118).

CILLIERS, Johan. Timeless time and placeless space? Theological-liturgical perspectives on the notion of liminality in the network culture. *Questiones liturgiques*, 93 (2012) 34-50.

DOUGLAS, Mary. *Antropologia e simbolismo*: religione, cibo e denaro nella vita sociale. Bologna: Il Mulino, 1985. (Collana di testi e di studi. Antropologia).

_____. *I simboli naturali*: esplorazione in cosmologia. Torino: Einaudi, 1979. (Piccola biblioteca Einaudi, 361).

_____. *Purezza e pericolo*: un'analisi dei concetti di contaminazione e tabù. Bologna: Il Mulino, 1975. (Universale Paperbacks Il Mulino, 46).

DUKE, Robert W. Word spoken and broken: ritual. *Worship*, 61 (1987) 61-72.

DURAND, Jean-Louis. Rituale e strumentale. In: id. *La cucina del sacrificio in terra greca*. Torino: Boringhieri, 1982, 121-130. (Società antiche).

DURKHEIM, Emile. *Le forme elementari della vita religiosa*. Roma: Newton Compton, 1973. (Paperbacks saggi, 70).

ELIADE, Mircea. *Il mito dell'eterno ritorno*: archetipi e ripetizione. Torino: Borla, 1968. (Le idee e la vita, 42).

_____. *La creatività dello spirito*: un'introduzione alle religioni australiane. Milano: Jaca Book, 1979. (Di fronte e attraverso, 45).

ELLIS, E. Earle. *L'Antico Testamento nel primo cristianesimo*: canone e interpretazione alla luce della ricerca moderna. Brescia: Paideia, 1999. (Studi biblici, 122).

FENN, Richard K. *The end of time*: religion, ritual, and the forging of the soul. Cleveland: Pilgrim, 1997.

FIRTH, Raymond. *I simboli e le mode*. Bari: Laterza, 1977. (Biblioteca di cultura moderna, 803).

FREUD, Sigmund. Totem e tabù: concordanze nella vita psichica dei selvaggi e dei nevrotici. Torino: Boringhieri, 1976. (Universale scientifica, 36).

GEERTZ, Clifford. *Antropologia interpretativa*. Bologna: Il Mulino, 1988. (Saggi, 331).

_____. *Interpretazione di culture*. Bologna: Il Mulino, 1998. (Biblioteca).

GERACI, Robert M. *Apocalyptic AI*: vision of heaven in robotics, artificial intelligence, and virtual reality. Oxford: Oxford University Press, 2010.

GIRARD, René. *Delle cose nascoste sin dalla fondazione del mondo*: ricerche con Jean-Michel Oughourlian e Guy Lefort. Milano: Adelphi, 1983. (Saggi, 18).

_____. *Il capro espiatorio*. Milano: Adelphi, 1987. (Saggi, 37).

_____. *La violenza e il sacro*. Milano: Adelphi, 1980. (Saggi, 19).

_____. *L'antica via degli empi*. Milano: Adelphi, 1994. (Saggi, 14).

_____. *Menzogna romantica e verità romanzesca*. Milano: Bompiani, 1981.

_____. *Miti d'origine*: persecuzioni e ordine culturale. Ancona/Massa: Transeuropa, 2005. (Girardiana, 1).

_____. *Origine della cultura e fine della storia*: dialoghi con Pierpaolo Antonello e João Cezar de Castro Rocha. Milano: Raffaello Cortina, 2003. (Saggi, 31).

GOFFMAN, Erving. *Il rituale dell'interazione*. Bologna: Il Mulino, 1988. (Saggi, 345).

_____. *La vita quotidiana come rappresentazione*. Bologna: Il Mulino, 1969. (Collezione di testi e di studi. Sociologia).

GRIMES, Roland L. *Reading, writing, and rituatizing*: ritual in fictive, liturgical, and public places. Washington: The Pastoral Press, 1993.

_____. Liturgical supinity. Liturgical erectitude: on the embodiment of ritual authority. *Studia Liturgica*, 23 (1993) 51-69.

HANDELMAN, D.; LINDQUIST, G. (org.). *Ritual in its owen right*: exploring the dynamics of transformation. New York/Oxford: Berghahn Books, 2005. (Social Analysis, 48).

HOUSEMAN, Michael; SEVERI, Carlo. *Naven ou Le Donner à voir*: essai d'interpretation de l'action rituelle. Paris: CNRS/La Maison des Sciences de l'Homme, 1994. (Chemins de l'ethnologie).

HUBERT, Henri; MAUSS, Marcel. *L'origine dei poteri magici e altri saggi di sociologia religiosa*. Roma: Newton Compton, 1977. (Paperbacks saggi, 123).

HUMPHREY, Caroline; LAIDLAW, James. *The archetypal actions of ritual*: a theory of ritual illustrated by the Jain Rite of Worship. Oxford: Clarendon Press, 1994. (Oxford Studies in Social and Cultural Anthropology).

JETTER, Werner. *Symbol und ritual*: anthropologische elemente im gottesdienst. Göttingen: Vandenhoeck & Ruprecht, 1978.

KREINATH, J.; SNOEK, J.; STAUSBERG, M. (org.). *Theorizing rituals*: annotated bibliography of ritual theory, 1966-2005. Leiden/Boston, Brill, 2007. (Numen Book Series, 114, v. 2).

_____ (org.). *Theorizing rituals*: classical topics, theoretical approaches, analytical concepts. Leiden/Boston: Brill, 2008. (Numen Book Series, 114, v. 1).

LAWSON, E. Thomas; McCAULEY, N. Robert. *Rethinking religion*: connecting cognition and culture. Cambridge: Cambridge University Press, 1990.

LEACH, Edmund, *Cultura e comunicazione*: la logica della connessione simbolica. Un'introduzione all'uso dell'analisi strutturale nell'antropologia sociale. Milano: F. Franco Angeli, 1981. (Collana di antropologia culturale e sociale, 11).

LÉVI-STRAUSS, Claude. *Antropologia strutturale*. Milano: Il Saggiatore, 1980. (Biblioteca di scienze dell'uomo, 3).

_____. *Antropologia strutturale*: Due. Milano: Il Saggiatore, 1978. (Biblioteca di scienze dell'uomo, 30).

_____. *Mitologia 1*: Il crudo e il cotto. Milano: Il Saggiatore, ³1980. (Biblioteca di scienze dell'uomo, 15).

_____. *Mitologia 2*: dal miele alle ceneri. Milano: Il Saggiatore, 1970. (Biblioteca di scienze dell'uomo, 1).

LORENZ, Konrad. *L'aggressività*: edizione ampliata de Il cosiddetto male. Milano: Il Saggiatore, ³1979. (La cultura. Biblioteca di scienze dell'uomo, 25).

_____. *L'altra faccia dello specchio*: per una storia naturale della conoscenza. Milano: Adelphi, 1977. (Saggi, 10).

_____. *Natura e destino*. Milano: Mondadori, 1990. (Oscar saggi).

MALINOWSKI, Bronislaw. *Magia, scienza e religione*: Baloma. Gli spiriti dei morti nelle isole Trobriand. Roma: Newton Compton, 1976. (Paperbacks saggi, 103).

_____. *Teoria scientifica della cultura e altri saggi*. Milano: Feltrinelli, ²1974 (SC / 10, 35).

MAUSS, Marcel. *La preghiera e i riti orali*. Brescia: Morcelliana, 1997. (Scienze delle religioni).

_____. Saggio sul dono: forma e motivo dello scambio nelle società arcaiche. In: id. *Teoria generale della magia e altri saggi*. Torino: Einaudi, 1965, 155-292. (Nuova biblioteca scientifica Einaudi, 2).

McCAULEY, N. Robert; LAWSON, E. Thomas. *Bringing ritual to mind*: psychological foundations of cultural forms. Cambridge: Cambridge University Press, 2002.

McCLYMOND, Kathryn. The nature and elements of sacrificial ritual. *Method & Theory in the Study of Religion*, 16 (2004) 337-366.

MURPHY, Nancy; BROWN, Warren S. *Did my neurons make me do it?* Philosophical and neurobiological perspectives on moral responsibility and free will. Oxford: Oxford University Press, 2007.

NEUMANN, Erich. Il significato psicologico del rito. In: id. *Il rito*: legame tra gli uomini, comunicazione con gli dei. Como: Red/Studio Redazionale, 1991, 9-51. (Immagini del profondo, 42).

PENNER, Hans H. *Language, ritual and meaning*. Numen, 32 (1985) 1-16.

RADCLIFFE-BROWN, Alfred Reginald. *Struttura e funzione nella società primitiva*. Milano: Jaca Book, 1975. (L'occidente a confronto, 5).

RAPPAPORT, Roy. *Ecology, meaning and religion*. Richmond (California): North Atlantic Books, 1979.

_____. *Rito e religione nella costruzione dell'umanità*. Padova: Messaggero/ Abbazia di S. Giustina, 2004. (Caro salutis cardo. Studi/Testi, 3).

REIK, Theodor. *Il rito religioso*: studi psicoanalitici. Torino: Boringhieri, 1977. (Universale scientifica, 163-164).

RIVIÈRE, Claude. *I riti profani*. Roma: Armando, 1998. (Antropologia culturale).

SCARDUELLI, Pietro. *Il rito*: dei, spiriti, antenati. Roma/Bari: Laterza, 1983. (Biblioteca di cultura moderna, 882).

SCHEFFLER, Israel. *Symbolic worlds*: art, science, language, ritual. Cambridge: Cambridge University Press, 1997.

SCHILBRACK, K. *Thinking through rituals*: Philosophical Perspectives. New York/London: Routledge, 2004.

SEGAL, R. A. (org.). *The myth and ritual theory*: an anthology. Malden: Blackwell, 1998.

SELIGMAN, Adam B. et al. *Ritual and its consequences*: an essay on the limits of sincerity. Oxford: Oxford University Press, 2008.

SMITH, Brian K. *Reflections on resemblance, ritual, and religion*. New York/Oxford: Oxford University Press, 1989.

SMITH, Brian K.; DONIGER, Wendy. Sacrifice and substitution: ritual mystification and mythical demystification. *Numen*, 36 (1989) 189-224.

STAAL, Frits. The meaninglessness of ritual. *Numen*, 26 (1979) 2-22.

_____. The sound of religion. *Numen*, 33 (1986) 33-64; 184-224.

STUTZ, Liv Nilsson. *Embodied rituals & ritualized bodies*: tracing ritual practices in late mesolithic burials. Lund: Wallin & Dahlholm Boktryckeri AB, 2003. (Acta Archaeologica Lundensia. Series in 8º, 46).

TAMBIAH, Stanley J. *Rituali e cultura*. Bologna: Il Mulino, 1995. (Collezione di testi e di studi. Antropologia).

TURNER, Victor. *Antropologia della performance*. Bologna: Il Mulino, 1993. (Collezione di testi e di studi. Antropologia).

_____. *Dal rito al teatro*. Bologna: Il Mulino, 1986. (Intersezioni, 27).

_____. *Il processo rituale*: struttura e anti-struttura. Brescia: Morcelliana, 1972. (Le scienze umane).

_____. *La foresta dei simboli*: aspetti del rituale Ndembu. Brescia: Morcelliaa, 1976. (Le scienze umane).

_____. Segni e alterazioni corporee. In: ELIADE, M. (org.). *Enciclopedia delle religioni*: II. Il rito. Oggetti, atti, cerimonie. Milano: Marzorati/Jaca Book, 1994, 564-570.

_____. *Simboli e momenti della comunità*: saggio di antropologia culturale. Brescia: Morcelliana, 2003.

VAN GENNEP, Arnold. *I riti di passaggio*. Torino: Boringhieri, 1981. (Universale scientifica, 220).

VÁSQUEZ, Manuel A. *More than belief*: a materialist theory of religion. Oxford: Oxford University Press, 2010.

WERLEN, Iwar. *Ritual und sprache*: zum verhältnis von sprechen und handeln in ritualen. Tübingen: Gunter Narr, 1984.

WIDENGREN, Geo. *Fenomenologia della religione*. Bologna: Dehoniane, 1984. (Collana di studi religiosi).

YELLE, Robert. To perform, or not to perform? A theory of ritual performance versus cognitive theories of religious transmission. *Method & Theory in the Study of Religion*, 18 (2006) 372-391.

Edições Loyola

editoração impressão acabamento

Rua 1822 nº 341 – Ipiranga
04216-000 São Paulo, SP
T 55 11 3385 8500/8501, 2063 4275
www.loyola.com.br